特別支援

わくわく 教材・教具50

JN069405

大江浩光 著
押谷由夫 解説

G学事出版

子どもがわくわくする教材・教具を手作りしよう!

本書では、特別支援教育に30年以上たずさわっている著者が実際に手作りした教材・教具のうち、学習と生活のサポートに効果があったものを厳選し、50紹介しています。

豊富な写真でわかりやすく、作り方、使い方を記載していますので、ぜひ、目の前の子どもたちの実態に合わせて作ってみてください。

ポイント 1 身近な材料で安価に作れる

特別支援教育の教材・教具は、高価なものも多く、種類や大きさも限られています。本書で紹介している教材・教具は、100円ショップで買える身近な材料だけでつくれるものばかりです。

計算イメージボックス

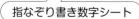

指なぞり書き数字シート

子ども一人一人の実態に合わせて作れる

個々の身体の状態(手の大きさや動き等)や学び方(視覚優位等)に合わせて作れます。

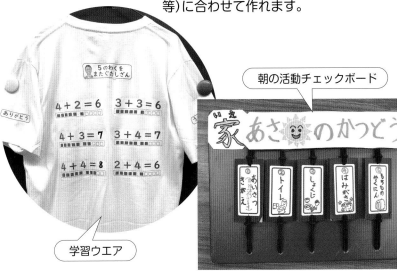

朝の活動チェックボード

ベルト式ちょうちょ結び練習器

学習ウエア

指導者の意図やねらいを反映できる

各教材・教具には、「ねらい」(どんな力をつけるのか、どうなってほしいのか)を記載しています。また、開発に至るまでのエピソードを読むことで、発想の糸口がつかめます。

足踏みボール発射機

手作り自動販売機

同じ色へポン!

 付録

「道徳トランプ」で 楽しく学ぼう!

　本書に付属している「道徳トランプ」は、切り取ってそのまま遊ぶことができます。楽しみながら道徳性（節度節制、自立、おもいやり）を高めることができますので、ぜひ道徳の授業や休み時間、ご家庭でご活用ください。

葛藤場面におけるよりよい選択肢を楽しみながら学べる

作った教材・教具で 教室を彩ろう!

　教室に入った瞬間、楽しそうな教材・教具がたくさんあれば、子どもたちはわくわくしますし、自ら手に取って使おうとします。
　ぜひ、子どもたちの喜ぶ顔を思い浮かべながら、作った教材・教具を並べてみましょう。

著者の教室

〈解 説〉
子どもたちへの愛情とリスペクトをベース とした教材の開発

一人一人の学びへの願いを叶える
―より幸せな生き方、より幸せな社会―

学びは何のためにあるのでしょう。

一人一人がより幸せな生き方ができるようになるため。そして、そのことを共に追い求めることによって、より幸せな社会をつくっていくためです。

この最も基本とすべき学びを保障するには、「一人一人を大切にする」ことと、「みんなと一緒に楽しく学べるようにする」ことが大切です。

この2つを同時に叶えることは、なかなか難しい課題です。とくに、今日多様な教育的配慮を必要とする子どもたちが増えています。その子どもたちが、一緒に楽しく学べるようにするには、どのようにすればよいのでしょう。

本書は、このことを、特別支援教育と道徳教育のエクスパートである大江浩光先生が、具体的に示してくださっています。

特別支援教育の理念の実現
―その中心は一人一人に応じた教材開発―

学校現場では現在、平成29年に改訂された新教育課程による教育が展開されています。

平成19年以来の、特別支援教育をすべての学校の共通理念として位置づけるという方針は、新教育課程においてもしっかりと受け継がれています。

新教育課程では、特別支援学校の重点として、「学びの連続性を重視した対応」「一人一人に応じた指導の充実」「自立と社会参加に向けた教育の充実」を挙げています。

このことは当然のことながら、すべての学校において、根底に位置づけなければならない基本方針ということになります。それをどう具体化するかは、子どもたちに直接かかわる先生方お一人お一人の大きな課題です。大江先生は、その中心に教材開発があるととらえられます。

「主体的・対話的で深い学び」（アクティブ・ラーニング）を可能にする教材開発

　学校現場では、「主体的・対話的で深い学び」（アクティブ・ラーニング）が強調されています。

　アクティブとは、「活発に動く」ととらえられます。

　何をアクティブにするのでしょう。

　頭と心と体です。頭をアクティブにするとは、しっかり考えるということです。心をアクティブにするとは、わくわくする、感動する、共感する、といった心の動きを起こさせることです。体をアクティブにするとは、さまざまな感覚器官を使って学び、実践化するということです。

　これらは、別々ではありません。絡まり合うことによって、「主体的・対話的で深い学び」が起こります。このことをどの子どもたちも体験できるようにすることが大切です。大江先生は、教材開発をベースとして、これらを具体化すべく取り組まれています。

本書の特長と「特別支援教育の理念」、「主体的・対話的で深い学び」の実現

　本書の特長は、まさにここにあります。冒頭の口絵に記載されているポイント2の「子ども一人一人の実態に合わせて作れる」、「学びの連続性を重視した対応」「一人一人に応じた指導」へと具体化されています。

　また、『学習』と『生活』をサポートする教材・教具は、「自立と社会参加」が両立する学びをサポートし、頭と心と体をアクティブにする学びを生み出します。

子どもたち一人一人への愛情とリスペクトを根底にした実践の提案

　本書の付録に楽しみながら道徳性が高まる「道徳トランプ」があります。ここに、大江先生の教材開発の極意があります。

　つまり、子どもたち一人一人の道徳性の育成、それは、子どもたち一人一人への愛情表現であり、一人一人の子どもたちをかけがえのない存在としてリスペクトすることに他なりません。

一人一人の子どもたちに寄り添うことによって、いろいろな教材開発のアイデアがわき、具体的な指導方法も浮かびます。その根底に、一人一人への愛情とリスペクトがあることを確認してほしいのです。

　本書を通して、大江先生の実践に宿っている心を受け継ぎ、あなたらしい教材と指導方法を開発いただけることを願います。

武庫川女子大学　押谷由夫

特別支援
わくわく 教材・教具 50

もくじ

子どもがわくわくする 教材・教具を作ってみよう！

学習

生活

はじめに

　われわれ大人も有名なテーマパークに行くと、わくわくしませんか。

　それは、パーク内の各アトラクションがとても工夫されていたり、魅力的なキャラクターたちが迎えてくれたり、定期的にパーク内が変わったり、新しいアトラクションが増設されたり……するからではないでしょうか。

　さて、あなたの教室は、テーマパークのように、子どもも大人もわくわくする環境になっていますか。

　教室に入った瞬間、創意工夫が施された手作りの教材・教具がたくさんあれば、子どもたちはわくわくしますし、楽しそうな教材・教具が迎えてくれれば、子どもは自ら手に取って使おうとします。

　本書では、私の教室に設置している手作りの教材・教具から選りすぐり、50収録しました。

　豊富な写真で作り方をわかりやすく紹介し、そのまま拡大コピーして使える型紙なども掲載しています。また、付録の「道徳トランプ」は、切り取ってそのまますぐに使用できます。ぜひ、本書を参考にご自身で教材・教具を作り、子どもたちを楽しくて温かい雰囲気で迎えてあげてください。

　手作りの教材・教具のよいところは、概ね2点あると思います。

　1点目は、「個々の身体の状態や学習能力に応じて製作できること」です。

　具体的には、一人一人の子どもの手の大きさに合わせて作ることができたり、視覚優位の子どもがいれば、その優位性を生かして作ることができるということです。

　2点目は、「指導者の意図やねらいに合わせて製作でき

筆者の教室の中

と」です。

　本書では、教材・教具を紹介
している各頁の最初に「ねら
い」を記載していますので、ご
参照ください。

　特別支援教育関係の教材・教
具は、高価なものも多く、種類
や大きさも限られています。学
校の予算があれば、積極的に申
請し、購入すればいいと思いますが、予算がないからあきらめるとか、ほしいと思うも
のがカタログにないからあきらめるのではもったいないです。

　本書で紹介している教材・教具は、廃材や100円ショップで購入した商品で作ってい
るものがほとんどです。ぜひ、目の前の子どもの実態に合わせて作ってみてはいかがで
しょうか。

　一度作っておくと、壊れない限り、長い期間使えます。また、一度作って使ってみる
と、改善点なども見えてきて、さらに改良を続け、どんどんいいものができるように
なっていきます。

　また、保護者と共に実践する際も、材料費が格安なので、保護者にも依頼しやすいで
すから、家庭でも作ってもらって、実践することでさらなる教育効果も期待できます。

　物作りは、とても楽しいものです。楽しみながら作ったものが子どものためになると
は、一石二鳥、いや一石三鳥（造語）にもなると思います。

　一緒に取り組んでみませんか。

令和3年5月　大江浩光

＊本書は、既刊『小学校入学前からずっと使える　おもしろ教材・教具集＆知っ得情報』の改訂版です。この
　本で人気の高かった教材・教具も一部再収録しています。

子どもが
わくわくする
教材・教具を
作ってみよう！

No.1 道徳トランプ

ねらい

トランプという楽しいアイテムを用いることにより、楽しみながら道徳性（節度・節制・自立、思いやり）を高めることができる。

開発のエピソード

道徳の授業では、読み物資料が多い。しかし、読み物資料は、読解力が必要となるので、教育的配慮が必要な子どもにとってわかりにくく、魅力的なものになっていないことが多いと思われる。そこで、トランプを用いて、葛藤場面におけるよりよい選択肢を楽しみながら選ぶ活動をすれば、主体的に道徳の授業に取り組み、道徳性が高まると判断した。

用意するもの

・本書巻末の付録「道徳トランプ」（ミシン目に沿って、切り取って使用する。）

使い方

○道徳トランプカードの紹介

・3枚1ペア（よい行い・葛藤場面・わるい行い）×13組（39枚）

　むてきレア（1枚）、ジョーカー（1枚）で構成している。

（よい行い）

（葛藤場面）

（わるい行い）

（むてきレア）
＊問答無用の一番強いカード

（ジョーカー）
＊主に「ジョーカー抜きゲーム」で使用

・カードの右下のマークは、３つの場面を表している。

　また、それぞれの色は、連想しやすいように、信号の色とリンクしている。

（よい行い・青）

（葛藤場面・黄色）

（わるい行い・赤）

○「どうとくバトルフィールド」の紹介

・「道徳バトルゲームⅡ」で使用する。

・右の QR コードから A3サイズの PDF データがダウンロードできる。

　（学事出版の HP（https://www.gakuji.co.jp）か

　らもダウンロード可）

・巻末付録の「どうとくバトルフィールド」を使用する場

　合は、A3サイズに拡大コピー（181%）して使用する。

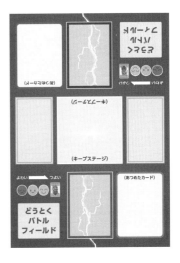

○「道徳トランプ」を使った5つのゲーム紹介

1．道徳バトルゲームI　＊一番人気で手軽に行える。

・ペア（2人）で行う。
・使用するカード40枚（3枚1ペア×13《39枚》、むてきレア1枚）

【勝ち負けの基準】

（よい行い）VS（わるい行い）
　勝ち　　　　　負け

（よい行い）VS（葛藤場面）
　勝ち　　　　　負け

（葛藤場面）VS（わるい行い）
　勝ち　　　　　負け

（むてきレア）VS（よい行い）　（葛藤場面）（わるい行い）
　勝ち　　　　　　　　　　　負け

【やり方】

①「どうとくバトルフィールド」を使用せず、机に直接カードを置いて行う。

②40枚のカードをシャッフルする。机の左右にカードの山を2つ作る。

③好きなカードの山から1枚ずつ取り、カードを「セット」と言いながら、手前に置く。（どちらのカードの山からも取ってもよい。）

④「オープン」と言いながら、カードを裏返し、

①②　　　　　　③

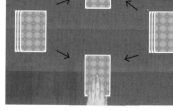

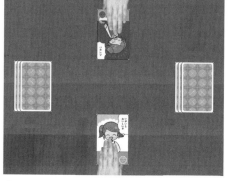

④

セット
オープン
セット
オープン

一斉に見せ合う。（ここでは、手前が「よい行い」、奥が「わるい行い」）

⑤手前のプレーヤーが勝ちとなり、自分のカードと相手のカードを右下に置くことができる。

⑥同じ価値や場面の場合は、引き分けとなり、中央に両方のカードを置く。同じ価値が重なれば重なるほど、中央のカードが増えていき、次のバトルで勝った人が、溜まったカードをすべて取ることができるので、大逆転の可能性があり、子どもたちは楽しく、緊張感をもって取り組める。

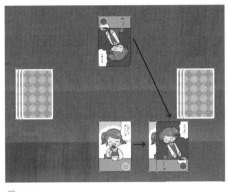

⑤

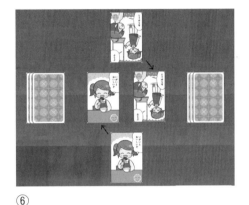

⑥

2. 道徳バトルゲームⅡ

・ルールは、「道徳バトルゲームⅠ」と同じ。違うのは、「どうとくバトルフィールド」を使用することだけ。

・ペア（2人）で行う。

・使用するカード40枚（3枚1ペア×13《39枚》、むてきレア1枚）

YouTube

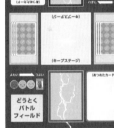

①

【やり方】

①40枚のカードをシャッフルする。机の左右にカードの山を2つ作る。

②好きなカードの山から1枚ずつ取り、カードを「セット」と言いながら、手前に置く。どちらのカードの山からも取ってもよい。）

③「オープン」と言いながら、カードを裏返し、一斉に見せ合う。（ここでは、手前が「よい行い」、奥が「わるい行い」）

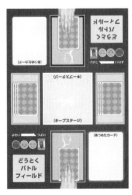

②

④手前のプレーヤーが勝ちとなり、自分のカードと相手のカードを右下に置くことができる。

⑤同じ価値や場面の場合は、引き分けとなり、中央に両方のカードを置く。同じ価値が重なれば重なるほど、中央のカードが増えていき、次のバトルで勝った人が、溜まったカードをすべて取ることができるので、大逆転の可能性があり、子どもたちは楽しく、緊張感をもって取り組める。

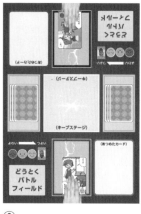

③

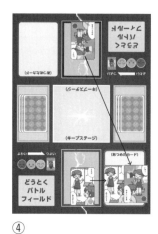

④

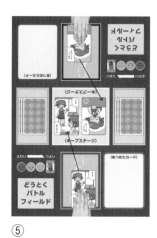

⑤

3．道徳バトルゲームⅢ

YouTube

・ルールは、「道徳バトルゲームⅠ・Ⅱ」と同じ。違いは、「どうとくバトルフィールド」を使用せず、カードの山も作らないこと。

・「道徳トランプ」の束を手に持った状態で行う。

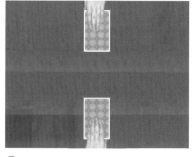

①

【やり方】

①「セット」と言いながら、机の上にカードの絵柄が見えないように伏せて置く。

②「オープン」と言いながら、絵カードを見せ合う。

③勝ったほうが相手のカードを獲得し、自分のカードと相手のカードを右下付近に置くことができる。

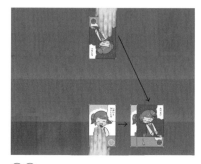

②③

20

４．ジョーカー抜きゲーム

・３人が基準
・使用するカード　27枚（葛藤場面＆よい行いカード×13《26枚》、
　ジョーカー１枚）

【やり方】
・「ばば抜き」と同じルール。
・27枚のカードをシャッフルして参加人数分配る。
・「ばば抜き」は通常、同じ数字ならペアとなり、所定の場所に置くが、ここでいうペ
　アとは、「葛藤場面（黄色）」と「その葛藤場面におけるよい行いカード（青）」である。
・早くそろえて、手元に「道徳トランプ」がなくなった人が勝ちとなる。また、最後ま
　で、ジョーカーを持っていた人が負けとなる。

５．神経すいじゃく（カード合わせ）ゲーム

・２～４人で行う。
・使用するカード　26枚（葛藤場面＆よい行いカード×13）

【やり方】
・「神経すいじゃく（カード合わせ）」と同
　じルール。
・ペア（葛藤場面＆よい行いカード）をた
　くさんそろえた人が勝ちとなる。

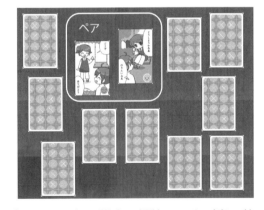

○補足事項
　上記で紹介した「道徳トランプ」５つのゲームは、ある程度、価値マーク（青・黄
色・赤）に慣れてきたら、その部分を見ないでもゲームができるように、修正テープな
どで消して行うとよい。そうすることにより、それぞれのカードに描かれた道徳的場面
のイラストを自然と注視するようになり、そこから道徳的価値を判断できるようになる。

ねらい

数字を正しく書けるようにする。数の量感を身に付けさせる。

開発のエピソード

以前は、本教具と類似した木製の教具を使っていたが、木製は重く、使いにくかった。そこで、柔らかいフェルトの肌触りの良さを感じながら、指で型枠内をなぞれる教材があると便利だと思い、考案した。また、数の量感を並行して習得できるように、タイルも追加した。

用意するもの

・シール付きフェルト（1袋に3〜5枚入っているものを100円ショップで購入）
・台紙（ファイル用の穴があいた厚紙やプラスチック。プラスチックのほうが指の滑りがいいのでおすすめ）　・カッター　・ペン　・のり　・鉛筆

作り方

①シール付きフェルトのシール部分（裏面）に、反転させた数字（次頁）を転写する。
（次頁に掲載している反転させた数字を拡大コピーし、裏部分を鉛筆で黒塗りして、カーボン紙の要領で、数字を写す。）

②転写された数字をカッターで切り抜く。
（凹版と凸版の2つの教具ができる。）

③凹版を台紙に貼り付ける。その際、フェルトは、1回でうまく貼らないとひずみが生じることがあるので、丁寧に下から貼るようにする。

④「10のタイル用紙」（次頁）を切り取り、台紙の上部にのりで貼る。

⑤「10のタイル用紙」（次頁）に使用する数字の数だけ、点線より少し小さめにシール付きフェルトを長方形に切り取り、その枠に貼る。

⑥数字の読み方や筆順の矢印（→）を記入する。

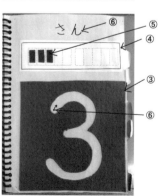

筆順付き数字

0 1 2 3 4
5 6 7 8 9 10

学習

反転させた数字

0 1 2 3 4

10 9 8 7 6 5

10のタイル用紙

No.3 触れて学べる 10までの数カード

ねらい

視覚と触覚を利用し、0〜10までの量感を体感的に身に付けさせる。

開発のエピソード

5の枠で区切ったタイルと触覚を使うことで、量感が身に付くのではないかと考え、開発した。

用意するもの

・0〜5までの型紙、6〜10までの型紙（次頁） ・型紙を貼る台紙（曲がりにくい厚紙）

・シール付きフェルト（100円ショップで購入）

・はさみまたはカッター

作り方

①型紙（次頁）を使いやすい大きさに拡大コピーする。

②台紙に型紙（次頁）を貼り付け、はさみやカッターで切り取る。

③ミシン線枠に入れる大きさにシール付きフェルトを数字分だけ切り取り、貼る。

④0〜10までを作る。

＊左利きの人は、180度回転させ、右側に持ち手スペースを作る。

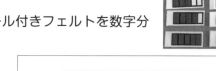

右利きの持ち手

左利きの持ち手

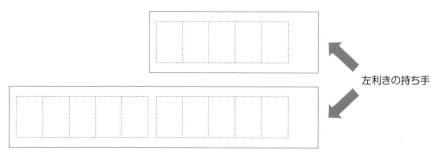

＊もし、色の付いた型紙を使用する場合は、色覚特性の子どもがいるかどうかを確認し、フェルトとの色の組み合わせに注意する。

0〜5までのカードの型紙

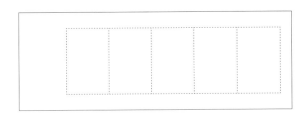

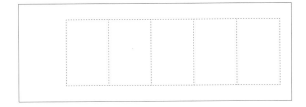

6〜10までのカードの型紙

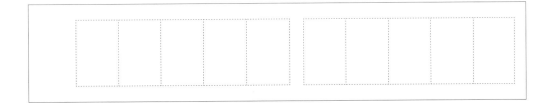

11～20までの タイルカード

 ねらい

11～20までのタイルカードをフラッシュカードのように活用することにより、一瞬で11～20までの量感を身に付けさせる。

 開発のエピソード

11～20までの量感は、繰り上がりや繰り下がりのある計算を行う際、大切である。子どもに11～20までのタイルカードを見せた際、1つ1つのタイルをカウントしていることがあった。それらを改善するため、このタイルカードを用いればいいのではないかと考えた。

 用意するもの

・型紙（次頁）　・はさみまたはカッター　・ペン

作り方

①型紙（次頁）を拡大コピーする。

②指導者が子どもにタイルカードを提示する際、提示方向を間違えないように、タイルカードの裏面の左右に「左」「右」と記載する。

左　（裏面）　右

使い方

・フラッシュカードのように、子どもに一瞬見せ、いくつだったかを問う。

型紙

No. 5 持ち手付き定規Ⅰ

ねらい
30cm 定規を安定させ、線を容易に引くことができる。

開発のエピソード
30cm 定規を押さえる力が弱い子どもの保護者から相談があり、考案した。

用意するもの
・シール付きフック（小）（100円ショップで購入）
・30cm 定規（ここでは竹製）　・カッター

作り方

①フックのサイズに合わせて、竹製の30cm 定規に切り込みを入れる。

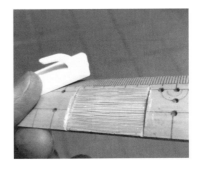

②フックの裏面のシールをはがし、30cm 定規の切り込み部分にフックを接着する。

使い方

・フックをつまみながら押し、線を引く。

No.**6** 持ち手付き定規 II

ねらい

持ち手をつかんで、定規の移動（上下・左右・回転）を容易にすることができる。

開発のエピソード

学校で使われている定規は、厚みがなく、子どもたちは使いにくそうにしていた。

そこで、持ち手を付ければいいのではないかと思い、取り組んだ。

用意するもの

・三角定規（直角二等辺三角形と直角三角形）　・分度器　・糸のこぎり

・ペットボトルの上部

・瞬間接着剤

作り方

①ペットボトルの上部（ふたを閉める部分）を糸のこぎりでカットする。

②カットしたペットボトルの上部を瞬間接着剤で定規に接着する。

 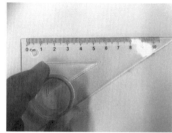 

＊測る部分が見やすいように、写真のようにペットボトルの上部を接着するとよい。

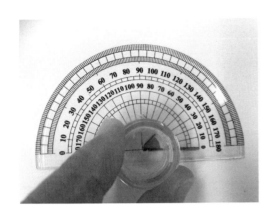

＊分度器は、回転させて使用するので、この持ち手が非常に役に立つ。

＊測る場所がわかりやすいように、油性ペン（赤色）でサンプルの場所を採色するとよい。

使い方

・ペットボトルの上部を持って、線を引いたり、角度を測ったりする。

・手作りケースを作って、保管するのもよい。

（100円ショップで購入した高さ約3cmのクリアーケースに、ほぼ同じ厚さの発泡スチロールを敷き詰め、収納する定規の部分を切り出し、周りをシール付きフェルト等でデコレーションする。）

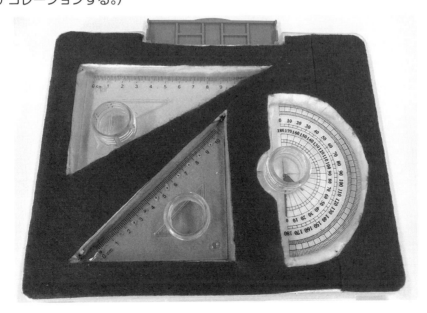

ねらい

コンパスの軸をうまく回せない子が、軸を回さなくてもコンパスの役目を果たせるようにする。

開発のエピソード

子どもがコンパスの軸をうまく回すことができずに困っている場面に遭遇した。そこで軸を回さなくても、コンパスの役目を果たす教具があればよいと思い、開発した。また、万が一コンパスを忘れたときの代理になるとも思った。

用意するもの

・三角定規（直角二等辺三角形と直角三角形）

・工具用ドリル

作り方

①直角三角形は、1.5cm、2.5cm……と工作用ドリルで穴をあける。

②直角二等辺三角形は、1cm、2cm……と工作用ドリルで穴をあける。

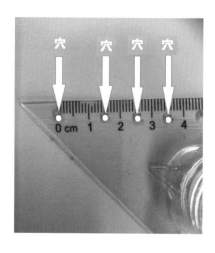
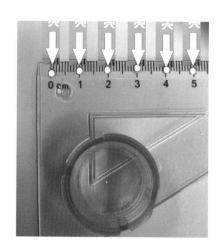

使い方

①0（ゼロ）と半径の長さの部分に2本の鉛筆またはボールペンやシャープペンを刺す。

②0（ゼロ）の部分は、コンパスの針の部分の役割を果たす。

③半径の長さの部分の穴に鉛筆などを差し込み、
　0（ゼロ）の部分に刺している鉛筆などを軸に
　して、弧を描く。

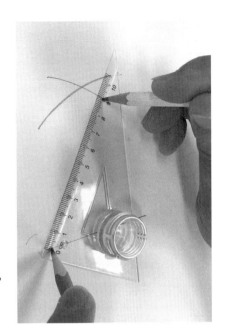

＊コンパスは、回転させる部分をつまむようにし
　て回さなければならないが、この「定規コンパ
　ス」であれば、大きく操作ができるので、弧を
　描きやすい。
＊半径の設定をする際、元々定規なのですぐにで
　きる。
＊1mm、5mm間隔で穴を空けることもできる。

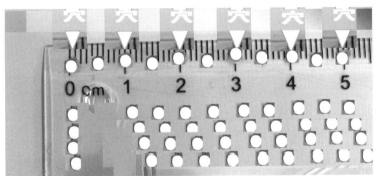

計算イメージボックス

ねらい
たし算やひき算のシステムを「見て」「触って」「動かして」といった行為を通して、理解させる。

開発のエピソード
市販のブロック系の教材を子どもが使っている様子を見ていると、準備や後片付けにかなり時間がかかっていたり、使いにくそうにしていたりしたため、このような教材があればと思い、開発した。

用意するもの
・ふた付きの紙箱　・厚紙　・セロハンテープ　・ろう

・おはじき　・蛍光マーカー　・ペン

作り方

①下写真のように、ふた付きの紙箱を準備する。ない場合は、厚紙で外枠と内枠を作る。

②10個のおはじきが入るように厚紙などで仕切りをセロハンテープなどで付ける。

③2色の蛍光マーカーで、写真のようにおはじきの下の部分を着色（左の5個が黄色、右の5個がピンク）する。

④おはじきが滑りやすいように、おはじきが接する部分にろうをこすりつける。

⑤ふたの裏に数字を記入する。

　＊注意事項：おはじきの誤飲には、十分気をつけてください。

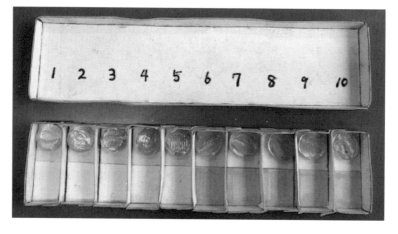

（「3＋1」をする場合）

①箱を前方にかたむけ、おはじきを上部に移動させる。

②たされる数（3）を下方に移動させる。

③たす数（1）を下方に移動させる。

④必要であれば、ふたの裏の数値で答え合わせを行う。

＊おはじきに⑩や⑩と記載したシールを貼れば、10や100の束の計算学習もできる。

○同じシステムで市販されている教具の紹介

　この教具名は「計算イメージそろばん」といい、内田洋行が販売している。使用方法は、基本的に同じである。違うところは、答え合わせをする際、丸囲みの部分のつまみを右にスライドさせること。この教具は、誤飲が防げるところが優れている。（筆者開発）

「計算イメージそろばん」（登録番号 05319・内田洋行）

位取りカード学習（お金編）

 ねらい

名刺入れのシートをめくることにより、位取りを理解させる。

 開発のエピソード

12＋3を42と解答する子がいた。その子に各位ごとに仕切りが付いたシートを用いて、日常生活でよく使用するお金を活用すれば、位取りが習得できるのではないかと判断し、製作した。

 用意するもの

・3段の名刺入れ（100円ショップで購入）

・型紙（次頁）　・はさみ

作り方

①型紙（次頁）を厚紙に拡大コピーして切り取る。

②切り取ったカードを半分に折り曲げる。

③切り取ったカードの山（折れ曲った部分）を下にして、3段の名刺入れに入れる。

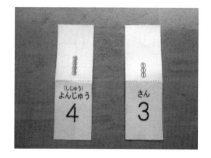

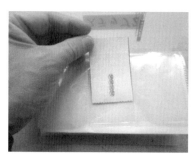

使い方

①表記された数を読む。

②数の読み方が合っているかめくって確認する。

＊100円ショップで販売されている名刺入れは、1シートに3枚の名刺が入るものが20シートぐらいである。その名刺入れに対応した入れ方のサンプルは、次の通り。

2桁表示が4組（例：24）

2桁表示で1の位が空位で4組（例：30）

3桁表示が3組（例：135）

3桁表示で1の位が空位で4組（例：250）

3桁表示で10の位が空位で4組（例：305）

学習

【型紙】

・厚紙に拡大コピー（例：250%）する。

いち 一	①		いち 一	①
に 2	①①		に 2	①①
さん 3	①①①		さん 3	①①①
よん（し）4	①①①①		よん（し）4	①①①①
ご 5	①①①①①		ご 5	①①①①①

①	6 ろく	①	6 ろく
①①①①① ①	7 なな (しち)	①①①①① ①①	7 なな (しち)
①①①①① ①①	8 はち	①①①①① ①①①	8 はち
①①①①① ①①①	9 きゅう (く)	①①①①① ①①①①	9 きゅう (く)
	0		0

⑩⑩⑩⑩⑩ ⑩	6 ろくじゅう	⑩	1 じゅう
⑩⑩⑩⑩⑩ ⑩⑩	7 (しちじゅう) ななじゅう	⑩⑩	2 にじゅう
⑩⑩⑩⑩⑩ ⑩⑩⑩	8 はちじゅう	⑩⑩⑩	3 さんじゅう
⑩⑩⑩⑩⑩ ⑩⑩⑩⑩	9 きゅうじゅう	⑩⑩⑩⑩	4 (しじゅう) よんじゅう
	0	⑩⑩⑩⑩⑩	5 ごじゅう

6 ろっぴゃく	⚇⚇⚇⚇⚇ ⚇	1 ひゃく	⚇
7 ななひゃく	⚇⚇⚇⚇⚇ ⚇	2 にひゃく	⚇
8 はっぴゃく	⚇⚇⚇⚇⚇ ⚇	3 さんびゃく	⚇
9 きゅうひゃく	⚇⚇⚇⚇⚇ ⚇⚇	4 よんひゃく	⚇⚇
0		5 ごひゃく	⚇⚇⚇

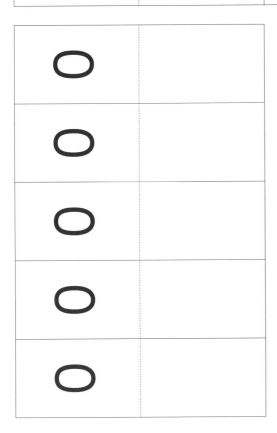

0	
0	
0	
0	
0	

位取りカード学習（数唱編）

ねらい

名刺入れのシートをめくることにより、位取りを理解させ、数唱ができるようになる。

開発のエピソード

358を「さん、ご、はち」と読む子がいた。その子に各位ごとに仕切りが付いたシートを用いたら、位取り学習が視覚的にできるのではないかと判断し、製作した。

用意するもの

・3段の名刺入れ（100円ショップで購入）

・型紙（次頁）　・はさみ

作り方

①型紙（次頁）を厚紙に拡大コピーして切り取る。

②切り取ったカードを半分に折り曲げる。

③切り取ったカードの山（折れ曲った部分）を下にして、3段の名刺入れに入れる。

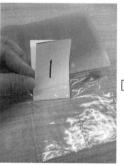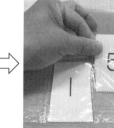

① 表記された数を読む。

② 数の読み方が合っているかめくって確認する。その
際、①や⑩などが記載されているので量感も一緒に
学習できる。

＊100円ショップで販売されている名刺入れは、1
シートに3枚の名刺が入るものが20シートぐらいで
ある。その名刺入れに対応した入れ方のサンプルは、
次の通り。

2桁表示が4組（例：24）

2桁表示で1の位が空位で4組（例：30）

3桁表示が3組（例：135）

3桁表示で1の位が空位で4組（例：250）

3桁表示で10の位が空位で4組（例：305）

【型紙】

・厚紙に拡大コピー（例：250％）する。

ろく 6	6	いち 1
なな（しち）7	7	に 2
はち 8	8	さん 3
きゅう（く）9	9	よん（し）4
0	0	ご 5

1	2 3 4 5	
⑩ 1 じゅう	2 3 4 さんじゅう よんじゅう(しじゅう) 5 ごじゅう	にじゅう
⑩⑩ 6	7 8 9 0	
⑩⑩⑩⑩⑩⑩⑩⑩⑩⑩ 6 ろくじゅう	7 ななじゅう(しちじゅう) 8 はちじゅう 9 きゅうじゅう 0	

1	2 3 4 5	
⑩⑩ 1 ひゃく	2 にひゃく 3 さんびゃく 4 よんひゃく 5 ごひゃく	
⑩⑩⑩⑩ 6 ろっぴゃく	7 ななひゃく 8 はっぴゃく 9 きゅうひゃく 0	

0	
0	
0	
0	
0	

手作り自動販売機

ねらい

たし算やおつり算の学習、コミュニケーションの向上を図る。

開発のエピソード

買い物学習のシミュレーションを行う際、可能な限りリアルに近い教具を使わせたいと思い、考案した。

用意するもの

・大きめの紙箱　・小さな紙箱　・カッター　・ガムテープ　・セロテープ
・小さなおもちゃの商品　・商品札　・紙磁石　・輪ゴム　・竹ひご　・ペン

作り方

①商品を押し出すボタン（小さな紙箱）を押すと、商品が下の取り出し口に落ちるようにするため、その商品を格納しておく場所として3段の仕切りを取り付ける。

　仕切りの幅は、商品がうまく落ちるように箱の幅の半分程度にするとよい。

②表面から商品を押し出す部分の穴を6カ所と、商品取り出し口の部分に穴をカッター等であける。

③商品を押し出すボタンに2カ所穴をあけ、竹ひごを通す。

①箱の内側

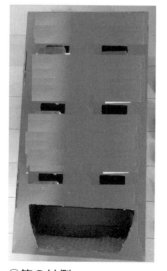

②箱の外側

③商品を押し出すボタン

④②であけた穴に③の商品を押し出すボタンを取り付ける。商品を押し出すボタンの竹ひごの片方を1本抜き、あけた穴にそれを入れ込み、抜け落ちないように抜いた竹ひごを再び差し込む。さらに、竹ひごが抜けないように、両サイドに輪ゴムをかける。

⑤内側のボタン部分にひもをつけて、外からボタンが押されると、自動的に「売り切れ」のカードが表示されるようにする。

「売り切れ」のカードの裏と本体に紙磁石を貼る。（外からボタンが押されると、ひもが引っぱられて両方の紙磁石がはがれる。）また、「売り切れ」のカードが表示される窓の穴をあけておく。＊このシステムは少し作るのが難しいので、割愛してもよい。

⑥商品札を提示する場所と商品札の裏に紙磁石を貼る。

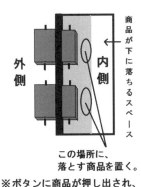

※ボタンに商品が押し出され、下に落ちる。

④-1　上から見た商品を押し出すボタン

④-2　外側から見た商品を押し出すボタン

⑤-1　箱の内側から見た様子

⑤-2　箱の内側から見た様子

⑤-3　箱の外側から見た様子

⑥箱の外側に紙磁石を貼る

使い方

・お店屋さんごっこ（買い物シミュレーション）の際に活用する。

（主人）「いらっしゃいませ、何を買いますか？」

（お客）好きな物を2つ押して購入する。

＊お客も主人も合計を暗算で求める。

（お客）模擬のお金で支払う。

（主人）お金が合っているかチェックする。

　　　　おつりがあれば、渡す。

（主人）「ありがとうございました。」

＊これらの小さなおもちゃの商品は、100円ショップで購入した。

量感が身に付く
黒板掲示用数直線

ねらい

数直線と日常生活でよく使用するお金をリンクさせ、黒板という常に目につく場所に掲示することにより、数の量感を身に付けさせる。

開発のエピソード

量感や位取りの習得が苦手な子どもは、位が変わると次の数字がなかなか出てこないことがあった。そこで日常生活でよく使用するお金と数直線をリンクさせて掲示することにより、量感がイメージできると考えた。

用意するもの

・模造紙　・ペン　・セロテープ
・お金を書いた厚紙

作り方

①模造紙に数直線を書く。

②数直線上の数値と同じ金額のお金を書いた厚紙を数直線上にセロテープなどで貼る。

＊1〜20までと90〜110までは、数直線上にすべての数値を付ける。その他の数値は、5とびで付ける。ところどころ、ランダムに紙のお金を数直線上に付ける。

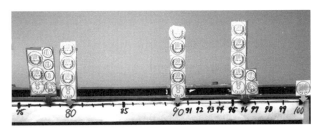

学習

ねらい

アプリを使って、学校での学習と家庭での学習の連携を図る。また、計算ゲーム学習においてチェックカードを用いることによって、すべての子どもの記録管理や子どものやりがいにつなげる。

開発のエピソード

学校での個別学習、家庭学習の充実、連携を図るためには、スマートフォンやタブレット端末を使った学習が大切だと思い、だめもとで地元 IT 企業に相談したところ、社長や重役の方々から「教育へ貢献したい」というありがたいお言葉を頂き、アプリ開発が実現した（制作費を考えると、ほとんどボランティア）。

対応機種

iPhone、iPad、iPod touch、Android スマートフォン、Chromebook パソコン

対応 OS：iOS、Android

（「たす・ひく」有料版：360円）

（体験版）

＊有料版の値段は、セール期間によって安くなることがある。

ダウンロード方法

「AppStore」や「Google Play」にアクセスし、検索ワード（「たす」、「たすひく」や「かける」、「わる」）を入力して、ダウンロードする。

使い方

①本アプリは、単語カードを使った学習と子どもが喜ぶ計算ゲームで構成されている。まずは、単語カードを使った学習から始める。

②「単語カード学習」の詳細については、次頁を参照。

「たす・ひく」アプリの学習展開

（1）「単語カード学習」の紹介

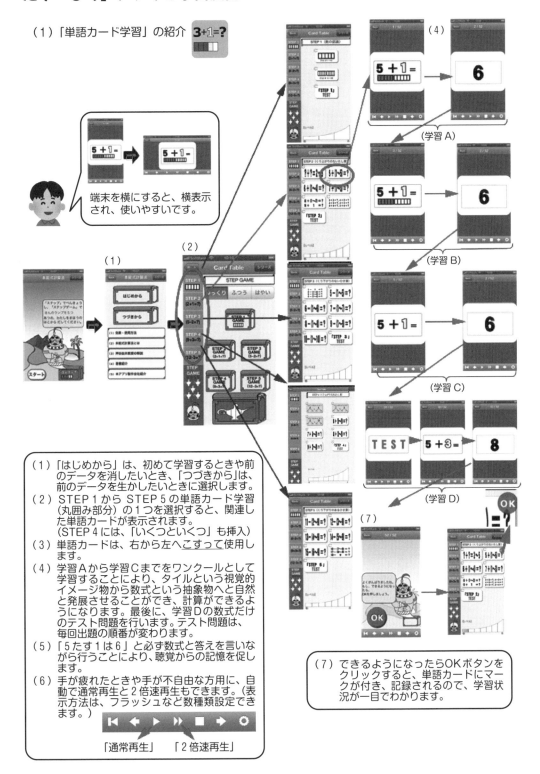

端末を横にすると、横表示され、使いやすいです。

（学習 A）

（学習 B）

（学習 C）

（学習 D）

（1）「はじめから」は、初めて学習するときや前のデータを消したいとき、「つづきから」は、前のデータを生かしたいときに選択します。

（2）STEP 1 から STEP 5 の単語カード学習（丸囲み部分）の1つを選択すると、関連した単語カードが表示されます。
（STEP 4 には、「いくつといくつ」も挿入）

（3）単語カードは、右から左へこすって使用します。

（4）学習Aから学習Cまでをワンクールとして学習することにより、タイルという視覚的イメージ物から数式という抽象物へと自然と発展させることができ、計算ができるようになります。最後に、学習Dの数式だけのテスト問題を行います。テスト問題は、毎回出題の順番が変わります。

（5）「5たす1は6」と必ず数式と答えを言いながら行うことにより、聴覚からの記憶を促します。

（6）手が疲れたときや手が不自由な方用に、自動で通常再生と2倍速再生もできます。（表示方法は、フラッシュなど数種類設定できます。）

「通常再生」　「2倍速再生」

（7）できるようになったらOKボタンをクリックすると、単語カードにマークが付き、記録されるので、学習状況が一目でわかります。

③「計算ゲーム」の詳細については、下記を参照。

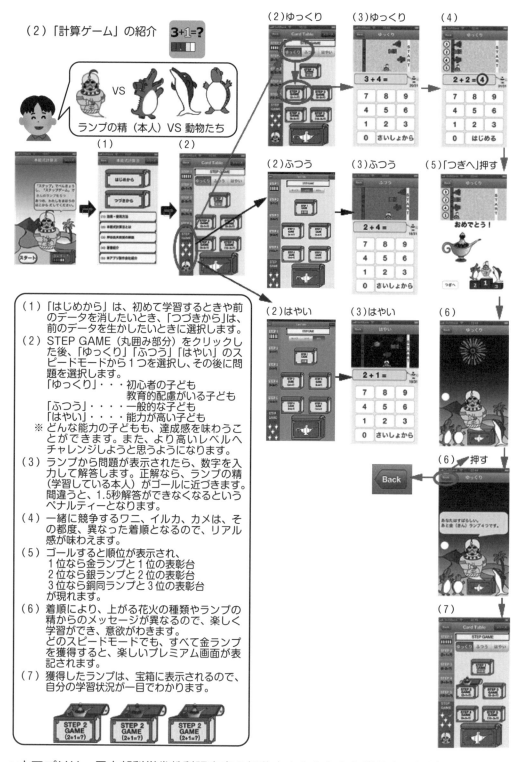

（2）「計算ゲーム」の紹介

ランプの精（本人）VS 動物たち

（1）「はじめから」は、初めて学習するときや前のデータを消したいとき、「つづきから」は、前のデータを生かしたいときに選択します。

（2）STEP GAME（丸囲み部分）をクリックした後、「ゆっくり」「ふつう」「はやい」のスピードモードから1つを選択し、その後に問題を選択します。
「ゆっくり」・・・初心者の子ども
　　　　　　　　教育的配慮がいる子ども
「ふつう」・・・・一般的な子ども
「はやい」・・・能力が高い子ども
※どんな能力の子どもも、達成感を味わうことができます。また、より高いレベルへチャレンジしようと思うようになります。

（3）ランプから問題が表示されたら、数字を入力して解答します。正解なら、ランプの精（学習している本人）がゴールに近づきます。間違うと、1.5秒解答ができなくなるというペナルティーとなります。

（4）一緒に競争するワニ、イルカ、カメは、その都度、異なった着順となるので、リアル感が味わえます。

（5）ゴールすると順位が表示され、
　　1位なら金ランプと1位の表彰台
　　2位なら銀ランプと2位の表彰台
　　3位なら銅同ランプと3位の表彰台
　　が現れます。

（6）着順により、上がる花火の種類やランプの精からのメッセージが異なるので、楽しく学習ができ、意欲がわきます。
どのスピードモードでも、すべて金ランプを獲得すると、楽しいプレミアム画面が表記されます。

（7）獲得したランプは、宝箱に表示されるので、自分の学習状況が一目でわかります。

＊本アプリは、元文部科学省教科調査官の押谷由夫先生からも推薦をいただいている。

○「たす・ひく」アプリ　計算ゲームチェックカード

ねらい
本アプリでは、実施結果のデータが一人分残るが、タブレット端末の台数が足らないときなど、一人一人の計算ゲーム学習の記録が残せないときに、個々の記録を楽しみながら残すために、チェックカードを活用する。また、学級にブームを作ることにより、学習意欲を高める。

使い方

①達成感をもたせるために、最初のスピードは、「ゆっくり」を選択させる。「ゆっくり」ができるようになれば、「ふつう」や「はやい」にチャレンジさせる。

②2回連続してクリアすれば、その部分に色を塗ることができる。

　例）1回目3位（銅）　2回目3位（銅）……銅の部分に色が塗れる。

　　　1回目2位（銀）　2回目3位（銅）……銅の部分に色が塗れる。

　　　1回目2位（銀）　2回目1位（金）……金の部分に色が塗れる。

＊色を塗るのは、自己申告でも保護者申告でも可。

＊厚紙に印刷して使用すると、使いやすい。

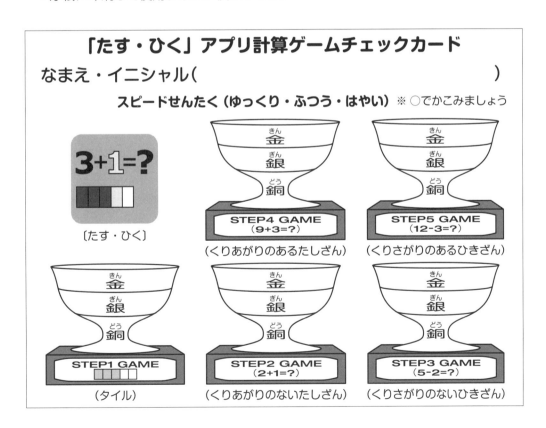

ねらい

数字とタイルが0〜10まで書かれているサイコロを用いて、すごろくゲームをしたり、数当てゲームをしたりしながら、数の概念を習得する。

開発のエピソード

すごろく遊びとタイルによる数の概念形成をリンクした学習ができないかと思い、考案した。

用意するもの

・型紙　・厚紙　・のり　・はさみまたはカッター

（『ひらがな完全習得ワーク』《大江浩光著、野口芳宏解説、学事出版》に掲載されているすごろくシートを活用するのもよい。）

作り方

・型紙を拡大コピーして切り取り、台紙（厚紙）に貼り、切り取る。のりしろの部分（灰色の部分）にのりを付け、サイコロを完成させる。＊セロテープで補強するとよい。

**1〜3までの
数サイコロ型紙**

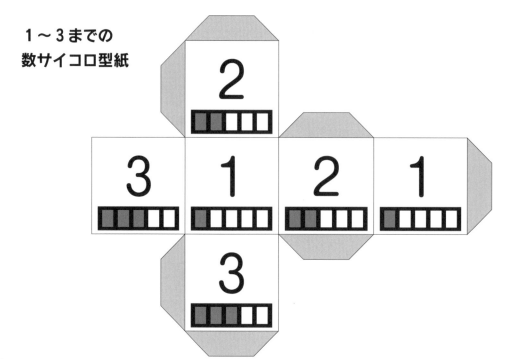

0〜5までの数サイコロ型紙

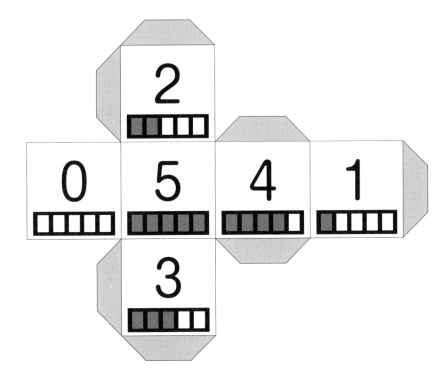

6〜10までの数サイコロ型紙

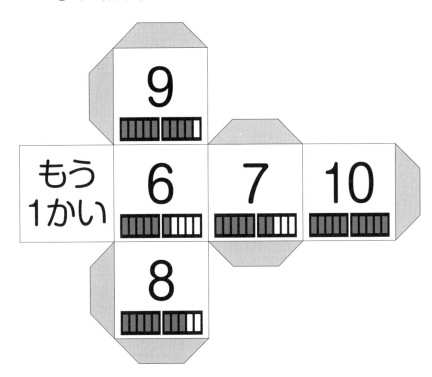

数字板交換ルーレット

 ねらい

ルーレット式の場合、サイコロのように投げてどこかにいってしまうこともない
ため、落ち着いて学習できる。また、ルーレットが回る楽しさを感じ、学習意欲
を高める。

 開発のエピソード

サイコロを使って、すごろくを行ったとき、サイコロを投げたり、人にぶつけた
りして、トラブルになることがあった。それらを防ぐ方法として考案した。

 用意するもの

・50枚入りの DVD ケースの軸の部分（プラスチック）

・表面に文字が書ける DVD 　・板　・板に取り付ける金属の棒（ここではボルト）

・油性ペン　・工具　・ダンボール

作り方

①板（土台）に金属の棒（回転軸になりそうな棒状のもの
　なら何でも OK）を工具を使って取り付ける。

②その上から、DVD ケースの軸の部分をかぶせる。

③矢印をダンボール等で作り、板に取り付ける。

④ DVD 板に数字やタイルを書く。

使い方

・プラスチック製の軸を回転させる。

　＊ DVD 板は、取りかえて使えるように、いろいろな盤面を作っておくとよい。

ねらい

ビー玉をルーレット式に転がし、ビー玉が入った場所で数字とタイルをマッチングさせ、数を習得させる。

開発のエピソード

楽しい活動を通して、タイルと数字をマッチングさせる教具ができないかと思い、考案した。

用意するもの

・厚紙　・紙箱　・ビー玉　・ペン　・ガムテープ

作り方

①紙箱にビー玉が転がって入る枠を作る。その枠に数字とタイルを書く。

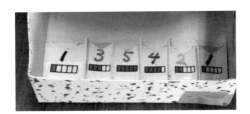

②紙箱の下部分に球体の半分を切ったような厚紙を取り付け、その中心部に穴を開ける。

③ビー玉を投入する部分を厚紙で作成し、ガムテープ等で貼り付ける。

使い方

・写真右下の部分からビー玉を投入し、逆三角錐のような部分を通り、1〜5の枠に入れる。

（『ひらがな完全習得ワーク』《前掲》に掲載されているすごろくシートを活用するのもよい。）

トリック掲示板（カバさん問題）

ねらい

ゲーム感覚で、毎日、いろいろな計算問題に取り組ませることで、楽しみながら計算を学ぶことができる。

開発のエピソード

子どもたちが「楽しく」「気軽に」「継続的に」学習できる教具はできないかと思い、製作した。この教具を作ってよかったことは、教室の入り口に設置することにより、教室に入る際、必ず取り組むことができることと、この教具を通して、他のクラスの子どもたちと交流ができたこと。

用意するもの

・クリアファイル　・磁石2個　・ひも　・ハンドル
・ベニヤ板　・算数の問題　・小さなリング　・ペン

作り方

①ベニヤ板に好きなイラストを描き、口の部分は、もう1枚のベニヤ板やプラバンなどで口が稼働するように描く。

②口が開くと同時に、クリアファイルも持ち上がるように、クリアファイルとベニヤ板の接点部分にリングを取り付ける。

③右のハンドルを引くと、口が開くようにひもを通す。

④算数の問題をクリアファイルに入れ、裏面に磁石を貼る。

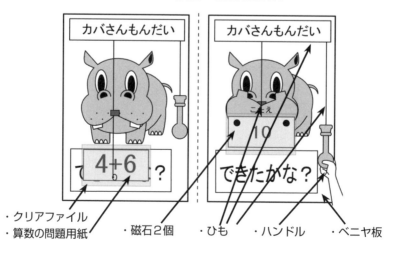

・クリアファイル
・算数の問題用紙　　・磁石2個　　・ひも　　・ハンドル　　・ベニヤ板

使い方

①右のハンドルを引っ張ると、ひもで結ばれたカバさんの口が開き、問題の裏の解答が見える。また、問題で隠れていたメッセージ「できたかな？」も現れる。

②右のハンドルを離すと、問題の裏に付いている磁石の重さで自動的に問題が隠れる。

③教室の入り口に設置し、毎日いろいろな問題を挿入して、登校した子どもが遊び感覚でチャレンジできるようにする。

＊ただし、本教具は正直、結構手間がかかるので、この製作方法にとらわれず、下記の簡易版のトリック掲示板もおすすめである。

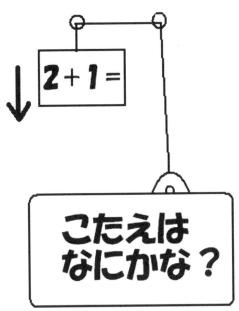

①問題板（2＋1＝）を下に引く。

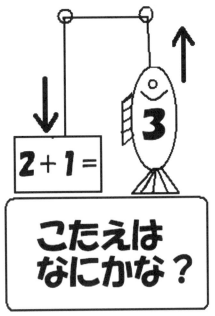

②問題と魚がひもでつながっているので、答えが書いてある魚が釣り上げられる。

ねらい

常に「見える」という学習環境を作ることにより、学習定着率を上げる。

開発のエピソード

以前、エプロンの胸部分に覚えさせたい漢字を紙に書いて貼ったところ、漢字の習得率がアップしたことがあった。今度は服にすることにより、さらにインパクトがあるのではないかと判断し、取り組むことにした。

用意するもの

・転写シート　・パソコン　・プリンター　・アイロン　・綿生地（Tシャツ）

作り方

①パソコンなどで、転写したいものを作成し、それを左右反転させて、プリンターで印刷する。

②転写シートを綿生地の上に置き、アイロンをかける。

③熱が冷めたら、ゆっくりシートを剥がしていく。

＊転写シートによって、微妙に作り方が異なるため、詳しくは、購入した転写シートに入っている説明書を参照のこと。

＊この転写シートは、100円ショップで購入した。1パックに数枚入っていたため、本学習ウエアは1パックで完成した。

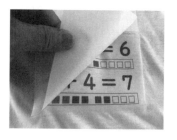

・学習ウエアを着たまま、授業を行ったり、子どもと遊んだりする。

＊肩に「ありがとう」など、見た人が笑顔になるような言葉をプリントするのもいい。

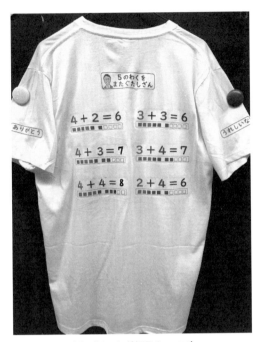

（完成した学習ウエア）

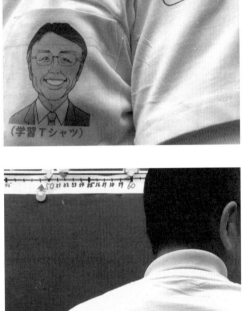

いろいろなバージョンが製作可能→

ねらい

投げるという運動訓練と20までの数概念、順番やルールを守ることを学ぶ。

開発のエピソード

的に入ったボールだけが整列する教具があれば、子どもたちも主体的に取り組むのではないかと思い、製作した。

用意するもの

・プラスチックボール

・段ボール　・カッター

・ガムテープ　・ペン

作り方

①縦1mくらいの段ボールを準備し、そこに絵を描く（紙に描いたものを貼ってもよい）。

②絵の口の部分をカッターで切り取る。

③口に入ったボールが右下に流れるように、段ボールの斜め右下に筒状の段ボールを差し込む。

④筒状の段ボールから転がり落ちるボールを受け止め、1～10個までのボールが並ぶように、段ボールを設置する（写真参照）。

⑤④の下に、11〜20個までのボールが並ぶ
　段ボールを取り付ける。その際、11個目
　のボールが入った際、10個目のボールに
　あたり、穴の開いた部分から下の段ボー
　ルに落ちるようにする。

使い方

①子どもの投げる力に応じて、的までの距離を調整して、ボールを投げる。

②何個入ったかを数字とボールの位置でマッチングする。

ひらがな
なぞり書き練習シート

ねらい

ひらがなを覚えたり、正しい筆順で書いたりできるようになる。

開発のエピソード

フェルトの肌触りの良さを感じながら、指で型枠内をなぞることにより、書体の形や書き順を覚えることができると思った。また、ひらがなと関連したイラストを入れることにより、ひらがなの読みの習得にもなると判断し、製作した。

用意するもの

・シール付きフェルト（100円ショップで購入）

・台紙（ファイル用の穴があいた厚紙やプラスチック。プラスチックのほうが指の滑りがいいのでおすすめ）

・カッター

作り方

①シール付きフェルトのシール部分（裏面）に反転させたひらがなを転写する。

（本書22ページ、「No. 2　指なぞり書き数字シート」と同様の方法で、ひらがなを写す。）

②転写されたひらがなをカッターで切り抜く。（凹版と凸版の2つの教具ができる。）

③凹版を台紙に貼り付ける。その際、フェルトは、1回でうまく貼らないとひずみが生じることがあるので、丁寧に下から貼るようにする。

④筆順付きのひらがなと、ひらがなに対応したイラストを台紙の上部に貼る（写真は『ひらがな完全習得ワーク』（前掲）に掲載されているものだが、著作権フリーのイラスト等で代用可）。

＊切り抜いて余ったフェルトのひらがなも同様に、教材化する。

使い方

・指で型枠内をなぞったり、フェルト
　部分のひらがなをなぞったりする。
・国語の授業の際に、個別指導で活躍
　する。
・ファイルにして保存しておくとよい。

ねらい

カタカナを覚えたり、正しい筆順で書いたりできるようになる。

 開発のエピソード

フェルトの肌触りの良さを感じながら、指で型枠内をなぞることにより、書体の形や書き順を覚えることができると思った。また、カタカナと関連したイラストを入れることにより、カタカナの読みの習得にもなると判断し、製作した。

 用意するもの

・シール付きフェルト（100円ショップで購入）

・台紙（ファイル用の穴があいた厚紙やプラスチック。プラスチックのほうが指の滑りがいいのでおすすめ）

・カッター

作り方

①シール付きフェルトのシール部分（裏面）に反転させたカタカナを転写する。

（本書22ページ、「No. 2 指なぞり書き数字シート」と同様の方法で、カタカナを写す。）

②転写されたカタカナをカッターで切り抜く。（凹版と凸版の2つの教具ができる。）

③凹版を台紙に貼り付ける。その際、フェルトは、1回でうまく貼らないとひずみが生じることがあるので、丁寧に下から貼るようにする。

④筆順付きのカタカナと、カタカナに対応したイラストを台紙の上部に貼る（写真は『ひらがな完全習得ワーク』（前掲）に掲載されているものだが、著作権フリーのイラスト等で代用可）。

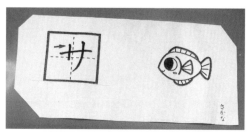

＊切り抜いて余ったフェルトのカタカナも同様に、教材化する。

使い方

・指で型枠内をなぞったり、フェルト
　部分のカタカナをなぞったりする。
・国語の授業の際に、個別指導で活躍
　する。
・ファイルにして保存しておくとよい。

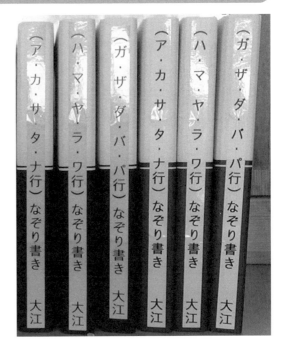

No. **22** ┊ **イラスト・ひらがな サイコロ**

 ねらい

サイコロという投げて目を出す楽しい行為を通して、イラストの名前やひらがな
を覚えさせる。

開発のエピソード

ひらがなを楽しく学習することができないかと思い、考案した。

 用意するもの

・型紙（次頁）

（『ひらがな完全習得ワーク』《前掲》には、「イラストサイコ
ロ」「ひらがなサイコロ」ともにすべての型紙が掲載されて
いるが、本書ではその一部を掲載）

・厚紙　・のり　・はさみまたはカッター

作り方

①型紙を拡大コピーして切り取り、台紙（厚
　紙）に貼り、切り取る。

②のりしろの部分《灰色の部分》にのりを付
　け、サイコロを完成させる。

＊セロテープで補強するとよい。

使い方

・投げて出た面のイラストの名前を言った
　り、ひらがなを読んだりする。

・100円ショップなどで、ケースを購入し
　て収納しておくとよい。

イラストサイコロの型紙

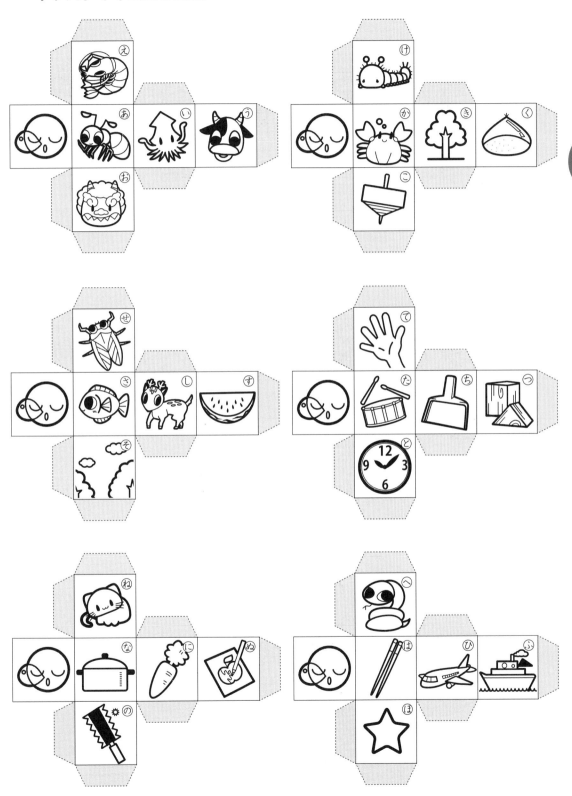

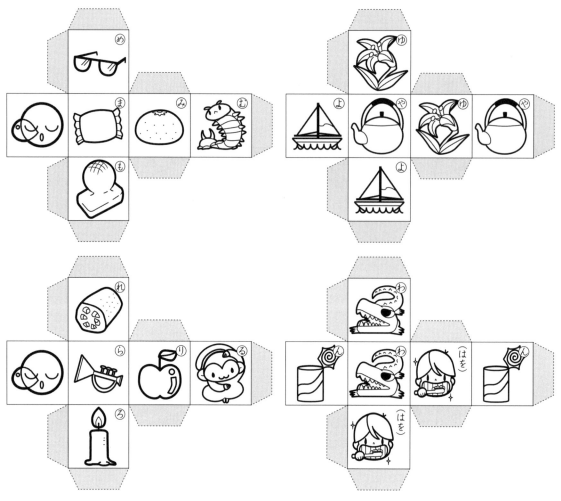

＊「ひらがなサイコロ」も下図のように、「イラストサイコロ」同様の展開図で作成できる。

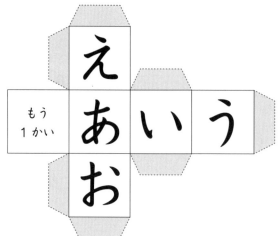

凹版なぞり書きプリント

ねらい

字体が正しく書けなかったり、大きさがバラバラだったり、文が左右に曲がったりするのを改善する。

開発のエピソード

以前、文字をドットで書かせたり、薄いグレーで文字色を印刷したプリントになぞり書きさせたりしたことがあったが、それでうまくいく子もいれば、なぞり書きすらできない子もいたりした。そこで、プリントに凹を付けることで、なぞり書きを行った際、はみ出る回数が減るのではないかと思い、考案した。

用意するもの

・画用紙　・パソコン　・インクが出なくなったボールペン　・サンプル文章

作り方

①パソコンを使ってサンプル文章を作る。

②印刷する際、文字色を薄いグレーを選択し、画用紙に直接印刷する。もしくは、コピー用紙に印刷した後、コピー機で画用紙に転写する。

③画用紙に転写されたグレーの文字をインクが出なくなったボールペンで強くなぞり書きすることによって、画用紙の文字部分が凹になる。

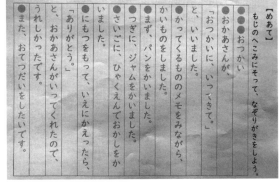

使い方

・鉛筆などを使い、凹部分をなぞり書きする。

＊厚みのある画用紙を使用するとよい。

No. 24 着脱式構図取り器

ねらい

絵を描く際、構図をとりやすくする。

開発のエピソード

構図がうまくとれず、スケッチの時間に遊んでしまう子がいた。構図をとるには、位置感覚や集中力が必要になってくる。そういったことに配慮が必要な子どもの補助具があればと思い、考案した。

用意するもの

・紙箱（ここでは、A4コピー用紙の空箱）
・たこひも
・カッター
・セロテープ

作り方

①コピー用紙の空箱のふた部分を写真のように切り抜く。
②切り抜いた箱の裏に、縦2本、横2本のたこひもをセロテープで貼る。

使い方

・完成物を描く対象物にかざし、構図をとる。
　（白色のたこひもでは見づらいときは、たこひもに彩色するとよい。）

（対象物を見て描くことが苦手な子どもの場合）

①描きたい物をカメラやタブレット端末のカメラで撮影する。

　（子どもが自分で撮影できなかったときの対策として、指導者は、事前に数枚撮影しておくとよい。）

②撮影した写真を A4サイズでカラー印刷する。

③コピー用紙が入った段ボールを下に置き、写真を上に載せ、たこひもが付いたふた（着脱式構図取り器）を置くと、絵が固定され、活用しやすくなる。

④色を塗る際にもこの写真を見ながら行うとよい。

＊タブレット端末で被写体を撮影し、表示させ、たこひもが付いたふた（着脱式構図取り器）をタブレット端末に直接被せて活用する方法もある。

ねらい

楽譜をうまく読むことができない子どもが、リコーダーのイラストが書かれた楽譜を見ることにより、感覚的にリコーダーが吹けるようになる。

開発のエピソード

私自身、楽譜を見てピアノを引くことが苦手だったので、同様に楽譜を見ながらリコーダーを吹くことが苦手な子どももいると思った。実際、本教材を使って指導した結果、吹けるようになった子がいた。

用意するもの

・型紙（次頁）　・模造紙　・のり　・ペン　・はさみ

作り方

①模造紙に楽譜を書く。

②楽譜に対応するリコーダーのイラストの型紙（次頁）を適宜拡大コピーして切り取り、右のイラストのように模造紙に貼る。

＊灰色の部分が指で押さえる部分だが、わかりにくいので、赤ペン等でさらに色づけするとよい（原本《灰色で塗られていないもの》をたくさんコピーして作成することも可）。

使い方

・リコーダーイラスト楽譜を見ながら、リコーダーの穴を指で押さえて演奏する。

・慣れてきたら、階名を見るだけで吹けるようにする。

○実践結果・考察

　子どもたちは、本教材を使用することにより、主体的にリコーダー練習に取り組むようになった。子どもたちにその理由を聞いたところ、「リコーダーのどの穴を押さえて吹けばよいか目で見てわかったので、練習しやすかった」と言っていた。特別支援学級で本教材を使って練習した後、本教材を持参して交流学級の音楽授業に参加したところ、自信をもって参加できていた。また難易度が高い楽譜の場合は、ポイントだけの音を吹かせるという方法もあると感じた。鍵盤ハーモニカでも同じようできると思った。

リコーダーイラスト楽譜の型紙

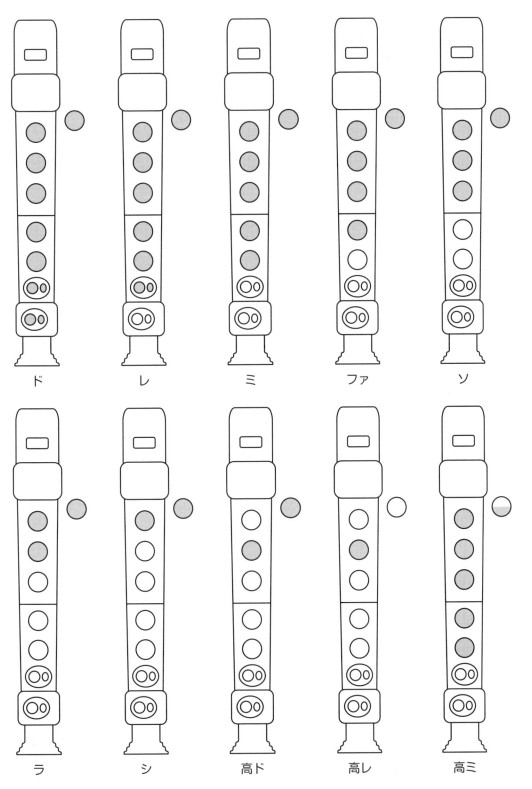

ド　　レ　　ミ　　ファ　　ソ

ラ　　シ　　高ド　　高レ　　高ミ

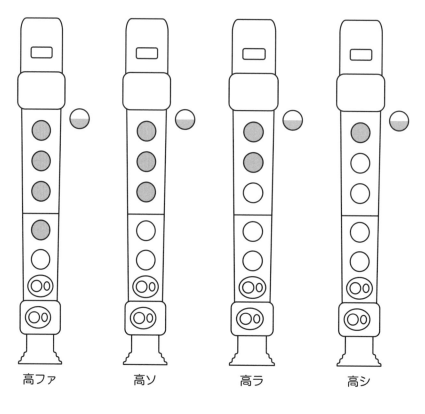

高ファ　　　高ソ　　　高ラ　　　高シ

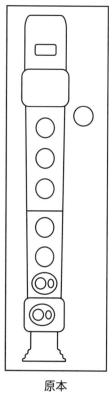

原本

布ガムテープコマ

ねらい

指先の巧緻性を高めるとともに、集団でコマを使って遊ぶという活動を通して、コミュニケーション力の向上とルールを守ることを学習させる。

開発のエピソード

現代はデジタルゲーム全盛の時代。アナログのおもちゃは、テクニックや工夫が必要だったりするが、肌感覚で集団で遊ぶことにより、コミュニケーション力が向上したりする良さがある。そこで、昔担任の先生が教えてくれたいろいろなコマを一緒に作り、集団で遊ばせようと考えた。

用意するもの

・布ガムテープ　・楊枝もしくは竹串

作り方

・楊枝に布ガムテープを強く巻きつける。

＊慣れてきたら、子どもに自ら作らせることが大切である。

＊コマに油性ペン等で模様をつけると、回した際に、いろいろな模様が現れて面白い。

使い方

・コマが中心に集まるようなお皿をステージとして活用するとよい。

・数人で一斉にコマを回しながらステージに投入し、最後まで長く回り続けた人が勝ちとなる。

ねらい

同じ色のビー玉を同じ色のペットボトルのふたに入れる活動を通して、色の弁別、バランス力や集中力、あきらめない忍耐力を育む。

開発のエピソード

子ども一人一人が工作活動で、オリジナル教材が作れ、その教材がいろいろなトレーニングになればと思い、考案した。

用意するもの

・色が異なる3個のビー玉　・ビー玉と同色の3個のペットボトルキャップ

・紙箱（ここではお菓子の空き箱）　・厚紙　・ガムテープ　・ペン

・カッター

作り方

①お菓子の空き箱の上箱でも下箱でもいいので、子どもたちが好きな絵を描く。

②ペットボトルキャップを入れる3ヵ所の穴を空ける部分を決め、指導者がカッターで×（バツ）などの切れ込みを入れる。

完成形

③切れ込みを入れた部分にペットボトルキャップをはめ込む。

④箱の裏のはめ込んだペットボトルキャップが飛び出している部分に、ガムテープを貼り、固定する。

⑤下写真のように、厚紙で壁を作って、スタート部分を作成する。

使い方

遊び方の例1 ビー玉（3個）をスタートに設置し、すべてのビー玉がペットボトルキャップの中に入れ終わるまでのタイムを競う。

遊び方の例2 同色のビー玉（青色3個）と異なる色のビー玉（赤色1個）をスタートに設置し、同色のビー玉だけをペットボトルキャップの中に入れ終わるまでのタイムを競う。

遊び方の例3 3色の異なるビー玉をスタートに設置し、ビー玉の色と同じ色のペットボトルキャップに入れ終わるまでのタイムを競う。

＊ビー玉の誤飲、投げる等の行為がないように事前指導をする。

＊本教具は、子どもと一緒に簡単に作れ、その後も楽しく活用できる。授業参観などで保護者と一緒に作ることもおすすめ。

コロコロドン玉入れ

ねらい

ビー玉の入った箱を上下左右に傾けることを通して、バランス力や集中力、あきらめない忍耐力を育む。

開発のエピソード

子どもがお菓子箱のふたに数個のビー玉を入れて、遊んでいる様子を見かけたことがあった。その様子を見て、本教具がひらめいた。

用意するもの

・ビー玉（5個）　・紙箱　・カッター

・ビニールテープ　・厚紙　・油性ペン（白）

作り方

①上箱を逆さにして下箱の上に載せ、ビニールテープで接着する。

②上箱の手前から20%くらいを切り抜く。

③上箱に好きな絵を描く（子どもに描かせてもよい）。

④どこか1ヵ所（ここでは竜の口部分）に、ビー玉が落ちる大きな穴をあける。

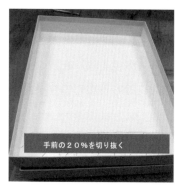

手前の20％を切り抜く

⑤ビー玉が下の箱に落ちないように、厚紙やダンボールで壁を作る（写真参照）。

⑥スタート地点などを自由に飾り付けする。

⑦ 5つのビー玉に白の油性ペンで1～5までの数字を書く。

使い方

遊び方の例1 ビー玉（5個）をスタートに設置し、すべてのビー玉が穴の中に落ちるまでのタイムを競う。

遊び方の例2 ビー玉（5個）をスタートに設置し、ビー玉に書かれている1～5の数字の順番にビー玉を穴に入れ終わるまでのタイムを競う。

遊び方の例3 ビー玉（青色が4個、赤色が1個）をスタートに設置し、1個の赤色のビー玉を最後に穴に入れ終わるまでのタイムを競う。

＊ビー玉の誤飲、投げる等の行為がないように事前指導をする。

ねらい

道徳的葛藤場面に遭遇した際、どうすればよいかを遊びながら学習する。

開発のエピソード

配慮が必要な子どもの多くは、教科書等の物語文を使った道徳授業に苦手意識を もっている。そこで、こんなとき、どうすればいいのかを楽しく学べる教具が必 要だと考えた。

用意するもの

・ストロー　・竹ひご　・厚紙　・プラスチックボール（100円ショップで購入）
・ペン　・セロテープ　・ガムテープ

作り方

①長方形の厚紙に「困っている様子」と「適切な言動」のイラストを描く。

②厚紙を写真のように折り曲げ、折り曲げた内側にストローをセロテープ等で貼り付ける。

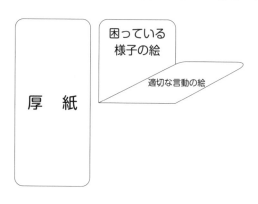

厚　紙

困っている
様子の絵

適切な言動の絵

③ストローに、ストローの長さより少し長めの竹ひごを差し込む。

＊右の写真のように、厚紙を補強してもよい。

④竹ひごを土台に貼り付ける。

使い方

・困っている様子の絵が見えるようにセットする。

・プラスチックボールを転がし、困っている様子の絵に当たると、適切な言動の絵が現れる。

「たすけて」の的にボールが当たり、カードが後方に倒れる。

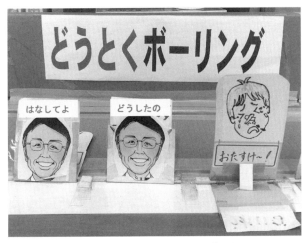

「どうしたの」というカードが現れる。

No.**30** 道徳ビー玉

ねらい

道徳的葛藤場面に遭遇した際、どうすればよいかを遊びながら学習する。

開発のエピソード

配慮が必要な子どもの多くは、教科書等の物語文を使った道徳授業に苦手意識をもっている。そこで、こんなとき、どうすればいいのかを楽しく学べる教具が必要だと考えた。

用意するもの

・紙コップ　・ストロー　・竹ひご　・ビー玉　・はさみまたはカッター
・紙　・ペン　・ガムテープ　・厚紙

作り方

①紙コップ2ヵ所に切り込みを入れ、ビー玉が入る部分を平らにする。

②困っている様子（例：「こまったなあ」）を書いた紙をコップの底に貼る。

③コップが立ち上がったときに見える適切な言動（例：「どうしたの」）を書いた紙をコップの側面に貼る。

④紙コップの底（手前の平らな部分）にストローをガムテープで付ける。

⑤ストローに竹ひごを通し、竹ひごを土台（厚紙）に固定する。

＊「No.29　道徳ボーリング」と同じ構造。

使い方

・困っている様子が見えるようにセットする。

・ビー玉を転がし、紙コップにビー玉が入ると、紙コップが立ち上がり、適切な言動が書かれた紙が現れる。

ビー玉自動転がし器

 ねらい

ビー玉がうまくはじけなかったり、転がせなかったりする子が簡単にビー玉を転がせるようになる。

 開発のエピソード

子どもたちにビー玉のはじき方を教えたところ、ほとんどできなかった。また、手で転がすのはあまり楽しそうではなかった。そこで、吹矢のように筒を使えば、簡単に楽しくできると思った。

 用意するもの

・模造紙の芯　・布ガムテープ　・はさみまたはカッター

作り方

・ビー玉が出る部分を写真のようにカットし、少し曲げて、布ガムテープで補強する。

使い方

①ビー玉をつまんだまま、筒の入口にセットする。

②筒先と目的物の方向を合わせる。

③つまんでいたビー玉をはなし、転がす。

＊No.30の「道徳ビー玉」とセットで使用する。

＊ビー玉を誤飲したり、投げたりしないように事前指導をする。

No. 32 ボールころがし ビンゴゲーム

ねらい
手の運動と列と行の学習、順番やルールを守ることができるようになる。

開発のエピソード
クラスのお楽しみ会でビンゴゲームをしたことがある。その際、子どもがビンゴカードの穴のあいたところにビー玉を載せているのを見て、考案した。

用意するもの
・ダンボール（ここでは B4コピー用紙の空箱）
・カッター　・ペン　・ガムテープ
・大きな半透明のプラスチックボード（廃棄になったファイルの表紙を利用した。）
・プラスチックボール（100円ショップで購入）

作り方

①土台となるダンボール（B4コピー用紙の空箱）を25度くらいの角度で、斜めにカットする。

②①と同じ角度でプラスチックボードをカットし、上には9つ穴をあける。

③カットしたダンボールに、②で作ったプラスチックボードをガムテープ等で貼り付ける。

④ゲーム名やライン数を書いたボードを上部にガムテープで貼り付ける。

使い方

・ボールを転がし、何個入れたか、何ラインのビンゴができたかを競う。

No.33 足踏みボール発射機

ねらい
手が不自由な子どもが足ペダルを強くふむことにより、ボール遊びができるようにする。また、足ペダルをふむことにより、筋力アップさせる。

開発のエピソード
廃棄処分になる予定の足踏みペダル式のゴミ箱がわが家にあった。何か教具にならないかと考え、考案した。

用意するもの
・足踏みペダル付きゴミ箱
・ダンボールの芯
・厚紙　・ペン　・ガムテープ
・プラスチックボール（100円ショップで購入）

作り方

①模造紙を巻いていたダンボールの芯を半分に切断し、少しカーブをつけ、ふたの上部にガムテープで貼り付け、うまくボールが飛ぶように鼻の角度を調節する。
②ゾウさんに見えるように厚紙や色紙でデコレーションする。

使い方

・小さなバスケットやサッカーのゴール、バケツなど、ボールのゴールを用意して遊ぶ。
・使い終わったボールは、このゴミ箱に収納する。

No. **34** 正しい鉛筆の持ち方が できるクリップ

 ねらい

鉛筆を正しく持って、文字が書けるようにする。

 開発のエピソード

私自身、6年生まで正しい鉛筆の持ち方ができなかったため、文字を書く際、余分な力が入ってしまい、指が痛くなったり、書く姿勢が悪くなったり、肩がこったりした。当時の担任からこの方法で指導してもらい、正しい鉛筆の持ち方ができるようになった。そのお陰で、無理なく自由に文字が書けるようになった。

 用意するもの

・鉛筆　・クリップ　・シール付きフェルト

作り方

・クリップにシール付きフェルトを貼る（長時間使うと、金属の角が指と接触し、指が痛くなることがあるので、シール付きのフェルトを貼るとよい）。

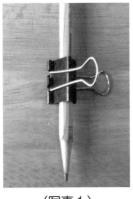

（写真1）　　　　　　　（写真2）　　　　　　　（写真3）

（正しい持ち方）　　　　（誤った持ち方）　　　　（誤った持ち方）

①鉛筆にクリップをはめる（写真1）。

②人差し指をクリップの黒い金属より少し先端よりに置く（写真2）。

③人差し指をクリップの黒い金属より少し先端よりに置いたまま、親指を添える（写真3）。

＊鉛筆の持ち方を感覚的に覚えさせるのが目的ですので、ある程度、正しい鉛筆の持ち方ができるようになったら、このクリップは使わないようにする。

＊鉛筆が正しく持てるようになるためのホルダーも市販されているので、子どもの実態に応じたものを活用されるとよい。

＊『7歳までの教育』（大江浩光著、押谷由夫解説、明治図書）も参考のこと。

No. **35** 机筆箱

ねらい

机の上に最小限の文具を出しておく際、落ちたり、転がったりすることを防ぐシートを設置することにより、落ち着いて学習できる。

開発のエピソード

筆箱は意外と机上のスペースを取る。その対策として、必要な文具を限定し、机上の隅に置かせ、学習することがある。しかし、文具が落ちたり、転がったりし、授業に集中できない光景をよく見かける。それらを打開するため考案した。

用意するもの

・シール付きフェルト

・割ばし（2本）

・カッターなど切れるもの

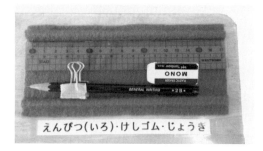

えんぴつ(いろ)・けしゴム・じょうき

作り方

①シール付きフェルトの幅に合わせ、割りばしを2本カットする。

②シール付きフェルト（裏）のシール部分の上と下に、長さを調整した割りばしを載せる。

③②を裏返したものを机の隅に貼り付ける。

　＊２本の割りばしによって、谷間ができ、文具が落ちにくくなる。

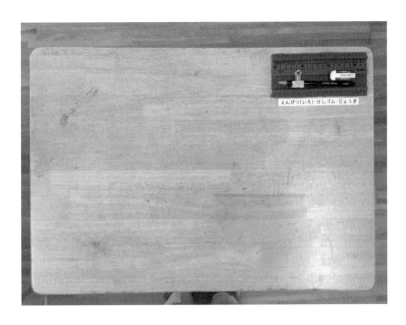

④フェルトの上に置く文具（えんぴつ、けしゴム、じょうぎ）を記載した紙を貼ってもよい。

使い方

・クラス全体で取り組むとよい。

No.36 筆箱の文具紛失防止ひも

ねらい

筆箱に入れている文具がなくならないようにするための手立てと、意識化を図る。

開発のエピソード

ある子どもを指導していたときに、日に日に筆箱の中身がなくなっていき、最後には筆箱の中身が空っぽになったことがあった。そこで、一部の文具をひもで結び付けるという原始的な方法を思いついた。

用意するもの

・たこひも　・布テープ

作り方

①鉛筆にひもを結んで、布テープで固定する。

　＊ひもを結ぶ場所は、鉛筆を持つときに邪魔にならない場所にする。

②①を筆箱に結び付ける。

　＊本取り組みを行う際には、保護者に許諾をもらうことが大切である。

使い方

・すべての文具にひもを付けるのではなく、半分くらいの文具に付けるようにする。慣れてきた段階で、少しずつ、結ぶ本数を減らす。

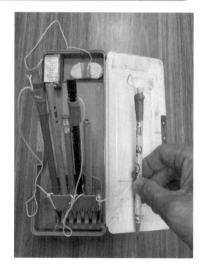

どこでもタブレット端末

ねらい

ろうかでタブレット端末のアプリを活用し、学習することができる。

開発のエピソード

子どもたちが所定のルールのもとでタブレット端末を自由に使えるようにしたいと思い、この手立てを考案した。

用意するもの

・木材　・木工用ボンド　・ネジ　・ネジ回し　・カギ　・ちょうつがい

作り方

①木材を4本組み合わせ、木枠を作り、棚などに取り付ける。

②タブレットの入り口にちょうつがいと木片を取り付け、開け閉めができるようにする。

③タブレット端末が盗まれないように、カギをかけるための金属を取り付ける。

使い方

・教師が充電し、設置する。

・特定のアプリだけ動くように設定しておく。

・できる限り、教師が近くにいるときに使うようにする。

・たたいたり、タブレット端末を取り出したりしないように指導をする。

・下校後は、教師が所定の場所で保管する。

書く姿勢がよくなる シート（デスクマット）

ねらい

机に手を置く場所を示し、その部分に手を置かせることにより、よい姿勢を保持したまま、文字が書ける。

開発のエピソード

姿勢が崩れやすく、それが原因で文字が乱れる子がいた。そこで、利き手とは逆の手をしっかり所定の位置に置くことができれば、姿勢がよくなり、文字の乱れも改善すると判断し、考案した。

用意するもの

・デスクマット　・セロテープ　・色テープ　・手形のイラスト

作り方

①デスクマットを子どもの机のサイズにカットする。

②デスクマットに手形のイラストをセロテープ等で貼る。

③資料等を置く場所に、色テープを貼る。

使い方

・椅子に深く腰掛け、手のイラストの上に利き手とは逆の手を置き、真ん中の四角枠に資料等を置いて使用する。

＊「右利き用」を反転させると「左利き用」になる。

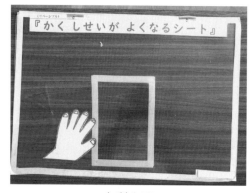

右利き用

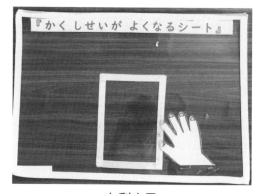

左利き用

書く姿勢がよくなる シート（簡易版）

ねらい

机に手を置く場所を示し、その部分に手を置かせることにより、よい姿勢を保持したまま、文字が書ける。

開発のエピソード

「No. 38　書く姿勢がよくなるシート（デスクマット）」をより簡単に作れないかと思い、考案した。

用意するもの

・マグネットシート　　・油性ペン　　・はさみ

作り方

①マグネットシートに手形を油性ペンで書く。

②マグネットシートに書いた手形をはさみで切り取る。

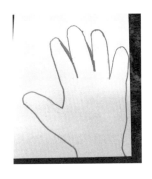 

使い方

・机に載せて使用する。

・椅子に深く腰掛け、手形の上に利き手とは逆の手を置き、正しい姿勢で文字を書く。

＊デスクマットより製作が簡単である。

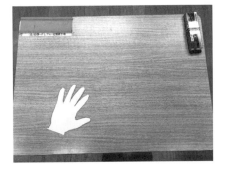

No. 40 牛乳パック積み木

 ねらい

格安で安全な紙ブロックを使って遊ぶことができる。

 開発のエピソード

教育ブロックは高価である。学校の備品予算では買いにくい場合もある。そこで、日頃飲んでいる牛乳パックを使って、ブロックを作れば、ほぼ無料でできると思った。

 用意するもの

・200mℓの飲み終わった牛乳パック　・布テープ

作り方

①200mℓの飲み終わった牛乳パックを集める。

②牛乳パックをしっかり洗う。

③牛乳パックを乾かす。

④牛乳パックを布テープで補強する。

＊牛乳パックに色画用紙を貼り付けてもよい。

使い方

・積み木のようにして遊ぶ。

・投げないように事前指導する。

No. 41　変身マスク

ねらい

マスクの装着をいやがる子どもが自主的にマスクをつけるようになる。

開発のエピソード

ある児童クラブの先生から「マスクをつけたがらない子どもがいます。大江先生、何かいいアイデアありませんか」という問い合わせを受け、考案した。

用意するもの

・サージカルマスク　・色紙（黄色）　・はさみ

作り方

①正方形の色紙を山折りにして、はさみ等で口の部分を切り取り、鳥のくちばしを作る。

②サージカルマスクに①をテープなどで貼る。その際、上くちばしの下に下くちばしが重なるようにする。

使い方

・マスクをあごまでしっかり被せ、口を上下に開ける。すると、マスクが下に引っ張られ、鳥のくちばしが開く。

＊空気の出入りができているかを確認する。

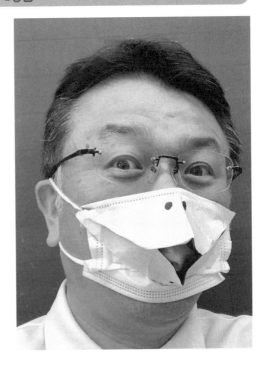

飛沫防止 & 集中力アップ 可動仕切り

ねらい

感染症対策としての飛沫防止。視覚からの余分な刺激を遮断して、集中力を持続させる。

開発のエピソード

集中力が続かない子どもは、視覚からの不必要な刺激により、注意が散漫になることがある。しかし、大きな「ついたて」を購入するのは、費用がかかったり、置き場がなかったりする。そこで、机から取り外しが簡単にでき、視覚からの刺激が遮断できる「しきり」があればいいと思った。また、その「しきり」が飛沫防止につながるとも考えた。

用意するもの

・Cクランク75mm（小型の万力）　・結束バンド　・つめ切り

・トンネル支柱（太さ11mm& 長さ150cm）　・ナイロンゴミ袋（45cm）

・布やフェルト　・S字フック　・ひも　・ナイロンテープ　・はさみ

・S字フックをかける金具（ヒートン《10mm》）

＊すべて100円ショップで購入（土台は、約300円で作れる。）

作り方

①Cクランクにトンネル支柱を結束バンドで固定する。

　（結束バンドの結び目部分を内側にする。）

②余分な結束バンドをつめ切りで切る。

③支柱にかけるナイロンゴ
　ミ袋を支柱の形に沿って
　はさみ等で切り取り、取
　り付ける。
④支柱に被せる筒状の布カ
　バーを作って、被せる。

＊最初にナイロンゴミ袋を固定して取り付け、その上に布カバーを取り付けるとよい。

⑤トンネル支柱のCクランクが付いていないほうにひもを結び付け、机の引き出しに付
　けるS字フックを取り付ける。

　　これにより、本アイテムの可動域が調整でき、隣の人に当たるのを防げる。先がと
　がったトンネル支柱の先をナイロンテープで巻く。

⑥必要に応じて、S字フックをかける金具（ヒートン）を机の裏面に取り付ける。

⑦Cクランクを固定するために回す金属棒（下写真の丸囲み部分）が通路にはみ出して
　子どもに当たらないように内側に移動させる。

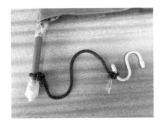

使い方（基本）

①机の左側の上部にCクランクがついているほうを取り付け、S字フックが付いている
　ほうは、机の引き出しや机の裏面に取り付けた金具にひっかける。周りの机にも同じ
　よう1つずつ取り付けているので、左右からの刺激がある程度防げる。

②支柱にナイロンゴミ袋を被せることにより、隣からの飛沫をある程度防ぐことができる。

（応用編）

①机に2ヵ所取り付ける場合

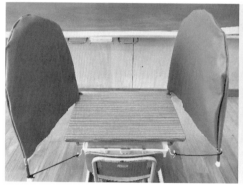

②机に3ヵ所取り付ける場合

③机の左右に布カバーを取り付け、机の前方にはナイロンゴミ袋を取り付ける場合

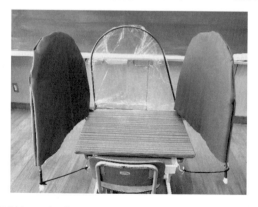

＊使わないときは取り外しておく。

＊粗暴な行為を行う子どもには使わない。

No.43 笑顔になる 手指消毒液カバー

ねらい

手指の消毒を自主的に行うようになる。

開発のエピソード

コロナやインフルエンザ対策として手指の消毒を行うことが重要だが、子どもによってはなかなか自主的にアルコールでの手指消毒をしないことがあった。そこで手指消毒の行為が楽しさとリンクするようなものを作ればいいと考えた。

用意するもの

・手指消毒液　・パペット（100円ショップで購入）　・はさみ

作り方

①手指消毒液のノズルが入るように、パペットのノドの部分をはさみでカットし、ノズルを差し込む。

②手指消毒液にパペットをカバーとして装着する。

③お好みで足や名前を付ける。

使い方

・頭部を手首で押して消毒液を手に出す。

生活

No.44 座位保持椅子

 ねらい

椅子に座る姿勢が保ちにくい子どもが、ある程度椅子に座る姿勢を保て、学習に集中できるようになる。

開発のエピソード

斜めに椅子に座ったり、座る姿勢が崩れたりする子どもがいた。以前、某カタログで座位の確保ができる専用の椅子を見たことがあったが、非常に価格が高かった。そこで、廃材で試作品を作り、実際子どもに使ってもらい、修正を重ね、この教具が完成した。

 用意するもの

・コンパネ板　・椅子　・模造紙の芯　・針金　・布ガムテープ
・プラスチックのゴルフクラブカバー（代用品でもOK）　・のこぎり

作り方

①コンパネ板を机の下に入る高さ2枚にのこぎり等で切り、椅子と針金で固定する。

＊針金の結び目で足をけがしないように、結び目を内側に折りこみ、さらに布ガムテープで覆い、その上にプラスチックカバーを装着するとよい。

②ひじ掛け部分を作る。

適度の長さに切った模造紙の芯に切り込みを入れ、板にはめ込む。

③②に合わせてプラスチックのゴルフクラブカバー（代用品でもOK）を切り、被せる。

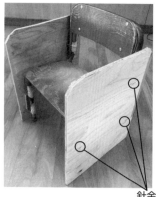  

針金

④けが防止のため、椅子の脚の部分にもカバーを被
　せ、布ガムテープで貼る。

＊コンパネ板の角は布ガムテープで覆う。

＊コンパネ板の高さを机の天板より低くすることに
　より、座位保持椅子が机の奥まで入る。

使い方

・椅子に深く腰を掛け、座る。

・さらに座位保持を強化したい場合は、椅子にベルトを装着し、体を固定する方法もあ
　る。

No. 45 靴ひも結び練習器

ねらい
ちょうちょ結びが簡単にできるようになる。

開発のエピソード
マジックテープの靴を履いている子どもが非常に多くなっており、靴のひもを
ちょうちょ結びで結べない子が増えているように思う。しかし、本物のひも靴で
は安定しなかったり、汚れたりするため、この教具を思いついた。結び方につい
ては、簡単なちょうちょ結びの方法を幼稚園の先生から教えていただいた。

用意するもの
・ファイルケース（底が網目状になっているもの。100円ショップで購入）

・靴ひも（少し太めのものがよい。）

・画用紙　　・ペン

・はさみまたはカッター　　・錐（きり）

・パイロンテープ（もしくは幅が広いセロハンテープ）

作り方

①画用紙にひも靴の絵を描き、切り取る。

②底が網目状のファイルケースに切り取ったひも靴の絵を置く。

③絵をパイロンテープ（もしくは幅が広いセロハンテープ）で貼り付け、固定する。

④錐（きり）や釘などで、ひもを通す部分に穴を開け、ひもを通す。

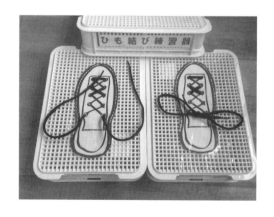

使い方

①靴ひもを一重結びする。

②両方のひもを輪にする。

③輪にした両方のひもを一重結びすれば完成である。

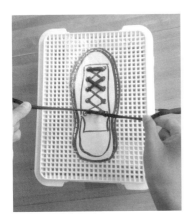  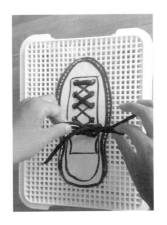

＊なお、一般的なちょうちょ結びの場合は、②の段階で片方を輪にし、もう片方のひも
を輪にしたひもの上に覆い被せるように巻き、巻いた際にできたすき間に輪を通し、
それを引けばできあがりである。

○学校で使用する際のポイント

・一般的なちょうちょ結びの練習も行う。

・土台（ファイルケースの底）に滑り止めシートを敷くとさらによい。

・最終的には、実際の生活場面でちょうちょ結びの練習を行う。

○家庭で使用する際のポイント

・台紙のひも靴の絵に、子どもが好きなキャラクターを描いても楽しい。

ねらい

ズボンに付いているひもを使って、ちょうちょ結びができるようになる。

開発のエピソード

「No. 45　靴ひも結び練習器」で、靴のちょうちょ結びができるようになった子が、ズボンのひもだとうまくちょうちょ結びができなくて困っていた。また、その子どもはおなかが出ていたため、結び目が見えにくいようであった。そこで、骨盤用サポーターを使うことにより、おなかも少しへこませ、結び目を直視しながら、ちょうちょ結びの練習ができる教具を考案した。

用意するもの

・骨盤サポーター（100円ショップで200円で購入）

・ハトメパンチ

・幅7mm のカラーひも（100円ショップで購入）

・厚めのプラスチックボード（例：タキロンプレート）

・はさみ　・錐（きり）　・セロハンテープ

作り方

①骨盤サポーターを2つ折りにし、穴の間隔が2cm になるように、ハトメパンチで穴を開ける。

②プラスチックボードを縦3cm×横5cm にはさみで切り、角は丸く切り取る。

③骨盤サポーターとプラスチックボードを重ね、プラスチックボードに穴をあける箇所に印を付け、錐（きり）で穴を開ける。

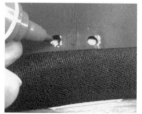

④カラーひもの先にセロハンテープを巻き付け、余分な
　部分をはさみで切り、ひも先がほつれないようにする
　（カラーひもは、約65cmに切る）。

＊カラーひもの片方は、赤色などに着色すると、よりわ
　かりやすい。

⑤骨盤サポーターの裏面にプラスックボードを合わせ、
　2つの穴にひもを通す。

（裏面）

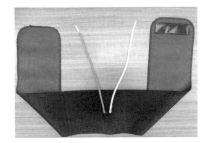
（表面）

使い方

①骨盤サポーターを腹部に巻く。
②ちょうちょ結びの練習をする。

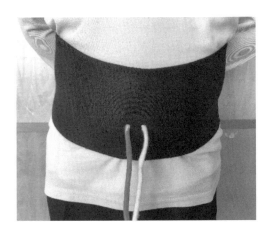

＊右利きの子どもは、向かって右側に赤いひもがくるように取り付ける。（輪にしたひ
　も《白》の上に覆い被せるひも《赤》を意識化させることにより、結び方を理解しや
　すくするためである。）左利きの子どもは、骨盤サポーターを反転させる。

ねらい

楽しみながら、ごみ捨てができるようになる。

開発のエピソード

子どもたちが、ごみ箱にごみを入れようとしないのを見たことがあった。それならば、楽しくごみ捨てができるようになるシステムを作ればいいと思い、考案した。

用意するもの

・大きめのポリバケツ　・色画用紙　・ペン　・はさみまたはカッター
・接着剤

作り方

・大きめのポリバケツに、色画用紙等を使って、ワニのように飾り付ける（写真参照）。
・目や鼻の部分は、紙を丸めて立体的にするとよい。
・お好みで「ゴミは、ワニ箱へ」と書いた紙を貼る。

使い方

・「ワニさんがゴミを食べたがっているよ」といった声かけをする。

No.**48** 指示ボックス＆指示カバー

ねらい

所定の場所に、物をきちんと入れる習慣を付けさせる。

開発のエピソード

ランドセルなどを所定の場所に入れず、机の上に置いたまま他の活動をする子がいた。そこで、机の上に指示ボックスを置くことにより、今何をしなければならないかを気づかせるために考案した。

用意するもの

・紙箱　・色紙　・厚紙　・ペン
・のり　・はさみまたはカッター

生活

作り方（指示ボックス）

①机に載る大きさの紙箱に色紙を貼る。

②箱の上部に厚紙で作った矢印を貼り付ける。

作り方（指示カバー）

①棚のふたのサイズに厚紙を切る。

②ランドセルの写真を貼ったり、指示を書いたりする。

③完成したふたを棚に取り付ける。

使い方

・「指示ボックス」と「指示カバー」をセットで活用すると、より効果が期待できる。

朝の活動チェックボード

ねらい

朝の活動に見通しをもって取り組めるとともに、実施できたかを自分でチェックすることができる。

開発のエピソード

私の教室では、入室してからの一連の活動を一覧表にして指導していたが、このシステムを応用し、子どもが自ら朝の活動や家庭での寝る前の活動等に見通しをもって行い、自分でチェックできる機器があればよいと考えた。

用意するもの

・厚紙のファイルボード（100円ショップで購入）

・厚紙　・ペン

・金属が付いた髪留めのゴム

・錐（きり）　・穴あけパンチ

作り方

①ファイルボードに10ヵ所錐（きり）で穴を開ける。（5人分の場合）

②厚紙で人数分のカードを作る（人数分のカードを合わせたときに、1枚の絵になるようにする）。

③②に穴あけパンチで穴を開ける。

④金属が付いた髪留めのゴムを③に通して留める。

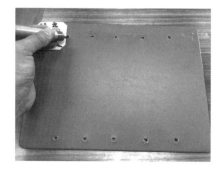

⑤④をボードに取り付ける（金属部分が留め金の役割を果たす）。

（裏面の状態）

使い方

①活動内容が書いてある面を表にしておく。

②活動が終了したら、カードを裏返す。すると、絵が現れる。

＊クラスに在籍する子どもたち全員で取り組むことができる。

＊活動チェックボードの下に、視覚的に活動内容がわかる写真を掲示してもよい。

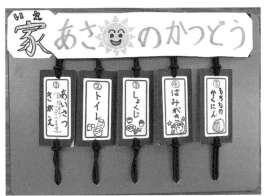
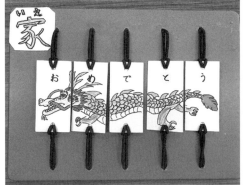

（朝の活動バージョン）

あいさつ のれん

ねらい
「おはようございます」と書いたのれんを教室の入口に取り付けることにより、あいさつへの意識化と習慣化を図る。

開発のエピソード
教室の入口は、あまり飾りもなく、寂しい感じがしていたので、のれんを付ければ、温かみが増すと思った。また、そののれんに「おはようございます」と書いてあれば、子どもたちも自然とあいさつをしながら教室に入ってくるのではないかと思った。

用意するもの
・無地ののれんまたは無地の生地（100円ショップで購入）
・ペン

作り方

・無地ののれんに「おはようございます」とバランスよく書く。裏写りしなければ、裏面に「さようなら」と書く。

使い方

・あまり、あいさつを強制するのではなく、居酒屋さんに入るような雰囲気で、教師が見本をみせる。

おわりに

　本書を読まれて、いかがでしたでしょうか。

　私は、「特別支援教育玉手箱」というホームページや Facebook、また各地での講座を通して、特別支援教育の情報発信をしています。

　令和元年、福島県棚倉町教育委員会から講師依頼をいただき、管理職の先生方と一般の先生方を対象にした特別支援教育講座をさせていただきました。一般の先生方を対象にした講座を受講してくださったある先生がその後、私の多くの実践を追試してくださり、その結果を随時報告してくださっています。

　こういったことは私にとって、とてもうれしく、ありがたいことです。その先生は、「大江先生、○○さんが、～をできるようになってきました！」とか「○○さんが、喜んで大江先生の教材を使っていました！」などと、自分のことのように喜んで報告してくださいます。

　このような報告を受けるたびに、創意工夫をした教材・教具の共有化が大切だと痛感しました。

　本書がその架け橋になってくれれば、幸いです。

　本書に掲載している教材・教具は、まだまだ完璧の領域には達していません。追試される先生方がいろいろと改良していただき、より個々の実態に応じた教材・教具にしてください。もちろん、そのまま使っていただいても大丈夫です。

　本書を出版するに際し、執筆のチャンスをくださった学事出版の加藤愛様、ご多用の中、解説を執筆してくださった押谷由夫先生、ご指導をくださった園屋高志先生（鹿児島大学名誉教授）には、心から感謝しております。

令和 3 年 5 月　大江浩光

【著者紹介】

大江浩光（おおえ・ひろみつ）

1963年和歌山県東牟婁郡串本町生まれ。1987年三重大学教育学部特殊教育特別専攻科修了。同年鹿児島県で小学校教員として正式採用。主な著書に、『早期教育・特別支援教育 本能式計算法』（学芸みらい社）、『規範意識を高める授業』『7歳までの教育』『「学級崩壊」の授業』『絵本を使った道徳授業』『「いじめ」の授業－道徳自作資料集－』『子どもが夢中になる落語流道徳自作資料10選』（以上、明治図書）、『通級・特別支援学級、個別指導で使える ひらがな完全習得ワーク』『わかる！特別支援教育のリアル　教師と保護者へ伝えたいこと』（以上、学事出版）。これまでに全国で100回以上、教育委員会や教育センター主催の特別支援教育や道徳の講演会に講師として登壇。ご質問、ご意見、ご要望がありましたら、私までメール（ooe@po.syanpse.ne.jp）をいただけますと幸いです。

【解説者紹介】

押谷由夫（おしたに・よしお）

1952年滋賀県生まれ。広島大学大学院修了、教育学博士。武庫川女子大学教授。日本道徳教育学会名誉会長。「小さな親切運動」本部・顧問。心を育てる教育研究会主催。文部科学省初等中等教育局小学校課教科調査官（道徳担当、14年）。「特別の教科 道徳」の設置に関して、文部科学省の専門家会議副座長、中教審道徳教育専門部会主査を務める。

著者の似顔絵
©前田康裕
（熊本大学教職大学院）

特別支援 わくわく教材・教具50

2021年6月28日　初版第1刷発行

著　者──大江浩光

発行者──花岡萬之

発行所──学事出版株式会社

〒101-0021　東京都千代田区外神田2-2-3
電話 03-3255-5471　FAX 03-3255-0248
ホームページ　https://www.gakuji.co.jp

編集担当：加藤愛

装丁：内炭篤詞

イラスト：海瀬祥子

印刷・製本：精文堂印刷株式会社

ISBN978-4-7619-2728-8　C3037　Printed in Japan

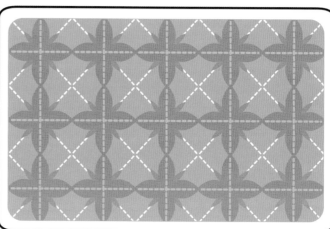

けんか2

けんか3

トイレ1

トイレ2

トイレ3

けんか1

スリッパ1

スリッパ2

スリッパ3

ブランコ1

ブランコ2

ブランコ3

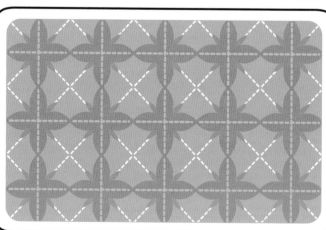

勉強と遊び1

勉強と遊び2

手洗い2

勉強と遊び3

手洗い1

手洗い3

好き嫌い1

好き嫌い2

歯磨き2

好き嫌い3

歯磨き3

歯磨き1

友達誘う1

むてきレア

友達誘う2

友達誘う3

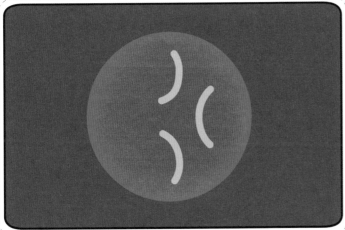

ジョーカー

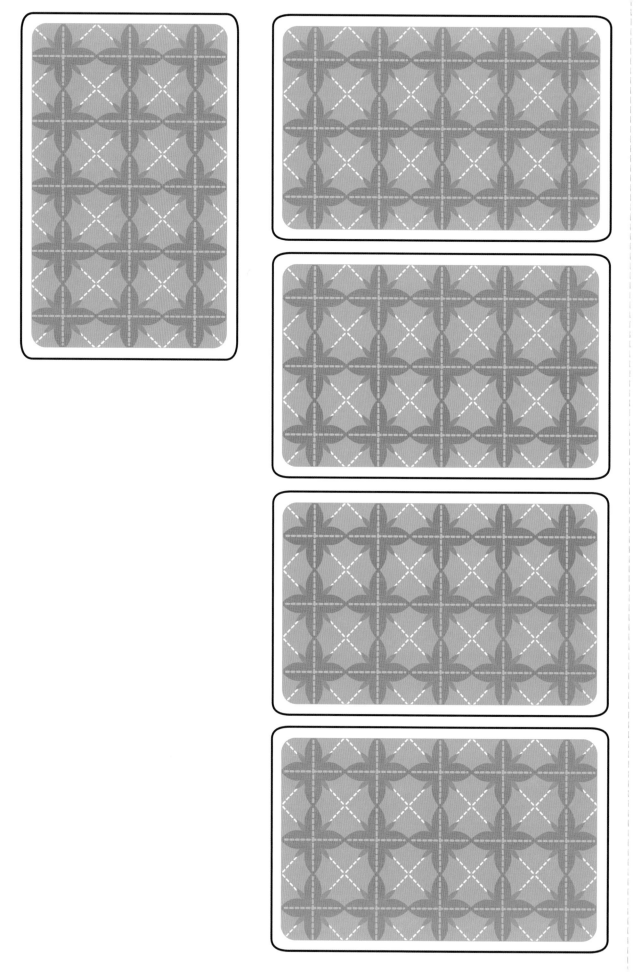

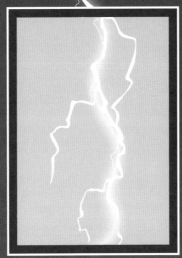
ぶんるい バトル フィールド

よわい ◀━━━━━ つよい

(あつめたカード)

(キープステージ)

(キープステージ)

よわい ━━━━━▶ つよい

(あつめたカード)

どうとく
バトル
フィールド

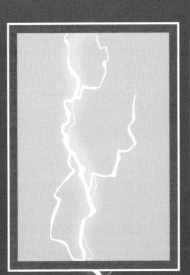

※本資料は縮小サイズです。
　A3サイズに拡大コピーして
　ご使用ください。
[拡大倍率：181％]